Cómo MEJORAR mi matrimonio

Vida

DEDICADOS A LA EXCELENCIA

DR. HENRY BRANDT
PHIL LANDRUM

La misión de *EDITORIAL VIDA* es proporcionar los recursos
necesarios a fin de alcanzar a las personas para Jesucristo
y ayudarlas a crecer en su fe.

Cómo Mejorar mi Matrimonio
© 1976 EDITORIAL VIDA
Miami, Florida
Nueva edición 2003

Publicado en inglés bajo el título:
I Want My Marriage to be Better por Zondervan
© 1976 por Zondervan

Diseño interior: *Grupo Nivel Uno Inc.*

Diseño de cubierta: *Kaleisdoscope Studio*

Reservados todos los derechos.

ISBN: 0-8297-3460-0

Categoría: Familia / Matrimonio

Impreso en Estados Unidos de América
Printed in the United States of America

04 05 06 07 08 ❖ 06 05 04 03 02

ÍNDICE

DEDICATORIA

A los esposos y esposas que quieren que su matrimonio
subsista hasta la muerte.

Los autores de este libro son un sicólogo y un periodista. Henry Brandt es el sicólogo responsable de la dirección y del contenido de este libro. Phil Landrum es el escritor con años de experiencia en el periodismo cristiano. *Cómo mejorar mi matrimonio* ve la luz luego de leer y releer las notas del doctor Brandt y de escuchar docenas de sus grabaciones y conferencias. Esta obra nos ha llevado largas horas de discusiones y de prolija revisión en nuestro esfuerzo para poner por escrito el contenido y el espíritu de las conferencias que ayudaron a miles de familias a encontrar el norte de una auténtica vida familiar cristiana.

Nuestra principal fuente de valores es la Biblia, que aceptamos como la infalible Palabra de Dios.

Henry Brandt
Phil Landrum

PRÓLOGO

«El matrimonio puede ser tan divertido como lo fue el noviazgo. En realidad, puede ser mejor», dice el doctor Henry Brandt en *CÓMO MEJORAR MI MATRIMONIO*.

«Es preciso saber cómo se construyen los muros que llevan al divorcio. También, por supuesto, cómo pueden ser desmantelados para restaurar los placenteros y felices días de alegre compañerismo».

Es inevitable que surjan conflictos. Los ánimos se exacerban y surgen diferencias de opinión toda vez que se juntan dos personas, a pesar de los elementos de buen éxito con que cuentan. Mucha gente cree a pie juntillas que el matrimonio eliminará las incomprensiones, la soledad y el vacío de sus vidas... imaginando que el matrimonio dejará atrás todos los conflictos. Esperan que no haya más problemas con los padres, los hermanos o las hermanas. Podrán hacer lo que se les venga en gana, y podrán realizarse a plenitud. Sin embargo, con gran desmayo de muchos, lo que pareciera ser la toma de sencillas decisiones termina en furiosos encontronazos.

A medida que asciende el muro, explica el doctor Brandt, lentamente se viene abajo el matrimonio. Las parejas se dividen rápidamente por una pared invisible que parece tan real como si estuviera construida de ladrillos. ¿De qué está hecha esa pared? ¿Cómo es posible entretener sentimientos tan duros hacia alguien por quien una vez sentimos tanta ternura?

CÓMO MEJORAR MI MATRIMONIO analiza a fondo una diversidad de situaciones típicas en las cuales estas «paredes» pueden erigirse entre dos personas y le dice al lector cómo encarar el problema para arribar a una solución viable.

1

¿RECUERDAN QUÉ LINDO ERA TODO CUANDO EMPEZÓ?

LOS SOLTEROS

Eran cinco, todos solteros, que trabajaban en la misma organización. Un grupo impresionante, talentoso, instruido (cuatro de ellos eran licenciados universitarios). Sin duda, líderes del futuro.

Pero había algo insólito y desacostumbrado en este grupo. Se habían juramentado no casarse jamás.

Todos hicimos ese voto con una pizca de sal. Eso ocurrió seis años atrás, pero uno a uno renegaron de su promesa. El último que se mantenía firme me habló un día.

—Estoy saliendo con una muchacha, y el asunto va en serio. Pareciera que yo también me casaré.

Era de esperarse.

Pero imaginemos lo que le habrá costado al primer miembro de la fraternidad romper el voto. Tuvo que modificar su relación con cuatro íntimos amigos. Se habían ayudado profesionalmente entre ellos, habían disfrutado de una espléndida actividad social, viajado muchas veces juntos, y ahora...

¿Por qué habría de querer renunciar a algo tan hermoso?

Simplemente porque encontró algo mejor. Al menos esa fue su mejor explicación.

La compañía de su novia le daba algo que sus cuatro íntimos amigos no podían darle.

Cambió su estilo de vida sin formular una sola queja. En el pasado él y sus compañeros hacían largos y bien planeados paseos en bicicleta. Ahora, los paseos con su novia eran cortos y sin rumbo fijo.

Renunció también a caminatas y marchas forzadas con sus amigos, para dar cortas caminatas con su novia. Substituyó los partidos de fútbol por ensayos de coro.

¿Cómo explicar semejante cosa?

PIERDO UN CAMARADA

Recuerdo haber formulado esa misma pregunta. Fue cuando aún salía con los muchachos. ¡Y qué grupo formábamos! Éramos varios jóvenes dispuestos a gozar de la vida hasta lo sumo. Un día... un fin de semana... un mes junto con este grupo era algo para nunca olvidar.

Con un amigo mío en particular nos unía un lazo más estrecho que con los demás. Éramos tan íntimos que ni siquiera necesitábamos hablar. Nos encantaba lavar y lustrar un automóvil, trabajando él en un extremo y yo en el otro. También disfrutábamos tendiendo una carpa sin pronunciar palabra alguna.

Un verano, este joven no pudo dejar su trabajo cuando la pandilla partió para su larga vacación anual. Cuando volvimos tenía novia. Al poco tiempo me preguntaba:

¿Por qué se muestra tan distinto?

Todo había cambiado. Ahora éramos tres: en lugar de dos.

Mi amigo insistía en que los acompañara cuando salían juntos. Los tres visitábamos distintos lugares y luego, juntos, acompañábamos a la chica a su casa.

A los pocos días todo eso cambió. Íbamos primero a mi casa, donde me dejaban a mí.

¿Qué ocurría?

No me lo podía imaginar.

Bueno, al menos nos quedaban los partidos de tenis... esas competencias a muerte en la cancha.

Tampoco esa situación duró mucho tiempo. Venía a vernos jugar. Luego empezó a jugar ella y el espectador era yo. Finalmente mi amigo del alma me dijo:

—Henry, si quieres jugar al tenis conmigo búscate una muchacha.

Eso hice, pero los partidos de tenis nunca fueron lo mismo. Jugábamos con una lentitud de tortugas. Para mí eran la muerte, pero mi amigo disfrutaba de ellos a más no poder.

La tendencia se mantuvo y pronto desaparecí de su vida totalmente.

Durante años nos reunimos prácticamente todas las noches. Ahora había hallado algo mejor.

Recordé la antigua canción que dice: «Esas campanas de boda que van destruyendo mi vieja pandilla». Esto se repetía una y otra vez a mi alrededor.

MOOSE... ¿EN UN CLUB DE LECTURA?

Recuerdo especialmente a un vigoroso y robusto amigo. Era lo que se dice un hombre enamorado del aire libre y un auténtico atleta en toda la extensión de la palabra. Le encantaba cazar, pescar, jugar a la pelota, hacer largas caminatas y era un entusiasta asistente a campamentos. Moose entraba a la casa solamente para devorar su comida.

Pero se sosegó por Gloria. Cuando supe lo que hacían no pude dar crédito a mis oídos. ¡Leían juntos un libro! ¡En voz alta! Ella leía un capítulo, y esto casi no lo pude creer, y él le leía a ella el capítulo siguiente.

Moose... ¿en un club de lectura?

¡Increíble!

Él disfrutaba y ella disfrutaba. Disfrutaban estar juntos. Él decidió acomodarse a los gustos de ella. Y viceversa.

Ella era profesora de piano. Le gustaba el piano, el órgano y asistir a conciertos. Y fueron juntos a conciertos. ¿Moose en un concierto de música clásica? Eso me dejó sin aliento, y al saberlo casi me desmayé.

¿GLORIA HIZO ESO...?

Pero hubo más sorpresas. Gloria asistió a un partido de softball. Naturalmente. Moose jugaba en uno de los equipos, y ella quería verlo jugar.

No pasó mucho tiempo antes que esta muchacha, que practicaba su música en ambientes cerrados, acompañara a Moose a los bosques y cocinara en el fogón de un campamento. Antes de esto sus comidas fueron siempre la expresión del más refinado gusto y de la elegancia en una mesa bien servida. Ahora cocinaba salchichas a las brasas.

¿Y Moose con saco y corbata? Y sentado en la cuarta fila delantera de la iglesia, cinco minutos antes que comenzara el culto, esperando a Gloria cuando bajara después de tocar el órgano.

Antes se sentaba en la última fila, y era uno de los primeros en desaparecer después de la bendición final.

¿Qué ocurrió?

Llega un momento en la vida cuando el estar cerca del novio o de la novia no se compara a ninguna otra cosa en el mundo.

EL IMPULSO VIENE DE DIOS

Se me ocurre que el impulso es tan antiguo como la humanidad, puesto que lo menciona un antiquísimo libro, la Biblia:

Y dijo Jehová Dios: No es bueno que el hombre esté solo; le haré ayuda idónea para él (Génesis 2:18).

Dice que Dios nos hizo esta ayuda. Dicho con toda reverencia, puso algo en nosotros que atrae irresistiblemente al hombre y a la mujer. Tarde o temprano el matrimonio entre dos personas es la consumación de la pasión. La Biblia añade:

Por tanto [siendo ella satisfactoria y apropiada para él], dejará el hombre a su padre y a su madre, y se unirá a su mujer, y serán una sola carne (Génesis 2:24).

¿No es cierto que hay un verdadero impulso, una poderosa tendencia en todos nosotros para que el hombre forme pareja con la mujer? Las personas con quienes trabajamos... o con quienes compartimos juegos... o con las que tenemos tratos sociales, no satisfacen esa necesidad.

¿Por qué no? Dios nos hizo de esta manera. Naturalmente nos unimos un hombre y una mujer.

BUENO... ¡TAMBIÉN ME OCURRIÓ A MÍ!

También a mí me sucedió.

¿Y qué se imaginan? ¡Me encantó!

De pronto me preguntaba cuántas noches podía verla... haciendo concesiones sobre qué ropa ponerme, dónde ir y con quién.

Y es así como ocurre siempre... ¿no es verdad?

Disimulamos las faltas mutuas. Hacemos como que no vemos los «comportamientos inaceptables» de la otra parte. Estar juntos es lo único que nos interesa.

Ella llega tarde. Nos proponemos no enojarnos.

Los zapatos de él podrían estar más limpios. Bueno, después de todo ¿qué importancia tiene que no estén tan limpios?

¡ABAJO CON LOS CONFLICTOS!

Sistemáticamente nos libramos de todo aquello que pudiera interferir o empañar nuestra relación. Estamos firmemente decididos a no permitir que «cositas» nimias obstaculicen nuestro camino. Hacemos lo imposible para mostrarnos agradables a los padres de ella, y ella a los nuestros.

Queremos estar juntos todo el tiempo. Tanto es así que a veces nos crea problemas y provoca conflictos con nuestros propios padres. Además tenemos que soportar las pullas de los amigos que nos ridiculizan. No es difícil imaginar las permanentes tomaduras de pelo que sufrió Moose:

—Eh, Moose... ¿cómo anda la sociedad de lectura?

—Eh, Moose... ¿qué tal el concierto de la otra noche?

Nos encogemos de hombros y le restamos importancia, porque disfrutamos momentos maravillosos. ¡El noviazgo es una época encantadora y maravillosa! Existe la anticipación de la íntima y estrecha cercanía. La atracción física es altamente excitante.

Lo anteriormente dicho no ocurre en todos los noviazgos, por supuesto. Hay noviazgos rotos. Durante el romance, si se presentan conflictos simplemente se da por terminado el mismo.

Pero eventualmente aparece alguien a quien queremos profundamente, a pesar de los conflictos. Y cuando ello ocurre, hacemos concesiones mutuas.

LEVANTARSE CON EL PIE IZQUIERDO

Cierto es que algunos matrimonios comienzan mal, con el pie izquierdo, por así decirlo. El joven se rebela contra sus propios padres. La muchacha admira esto porque ella también se rebela contra los padres de ella. De modo que su casamiento tiene por base una doble rebelión.

Otra pareja se casa porque los contrayentes quieren escapar de hogares no felices. A veces llegan al matrimonio urgidos por el romance, por la atracción física, por el placer de las caricias o la relación sexual, pero hay ausencia de verdadero interés del uno por el otro, salvo la mutua autocomplacencia.

Tal vez, para otros, la única razón sea un embarazo. U otro tipo de crisis cualquiera. Cometimos un estúpido error, pero el honor obliga.

Por una u otra causa nos unimos, tal vez sin prestar mucha atención ni pensar un poco sobre como congeniaríamos.

EL SANTO MATRIMONIO

En mi cuarto de siglo como consejero matrimonial, y habiendo hablado en todas partes del mundo sobre el tema de las relaciones familiares, he oído a miles de parejas contarme de qué manera hicieron todo lo posible para adecuarse mutuamente en la época de su noviazgo. Sabían, en lo más profundo de sus seres, que había factores irritantes entre ambos. Había comportamientos aceptables, había diferencias y había idénticos gustos y también aversiones. Se hicieron concesiones mutuas; algunas de esas concesiones fueron fáciles de hacer y otras se hicieron de mala gana.

De modo que se casaron, más o menos sabedores de algunas de esas diferencias, pero tranquilos en la confianza de haber podido lidiar con ellas satisfactoriamente.

...SE TRANSFORMA ¡EN SANTO DESACUERDO!

Los felices días de noviazgo persistieron: es decir, se hizo todo lo posible para que siguieran adelante o desaparecieron. Las diferencias se hicieron enormes y resultó más difícil ignorarlas.

El hombre dice de ella:
—No es como era durante el noviazgo.
La mujer dice de él:
—¿Qué le ha ocurrido al hombre con quien me casé?

EL MATRIMONIO PUEDE MEJORAR

Es tiempo de enfrentar los hechos. Ya seamos: ricos o pobres... instruidos o ignorantes... felices o desdichados... sanos o enfermos... creyentes o incrédulos... magníficamente hermosos o de aspecto término medio... nos odiemos o nos amemos... coincidamos en nuestros gustos o estemos en total desacuerdo... hayamos estado casados cinco días o cincuenta años... el hecho real es que estamos casados.

¿Queremos mejorar nuestro matrimonio? Ese es el objeto de este libro. Los principios básicos son iguales para todos.

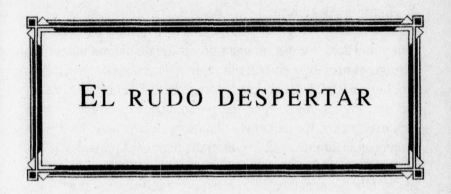

2

EL RUDO DESPERTAR

NANCY Y KEN ESTABAN ENAMORADOS...

Todo el mundo tiene, por lo menos, algunos rasgos positivos, que se traducen en capacidad, talento, un particular encanto, ciertas maneras interesantes y modos de ser agradable.

Pero cuando dos personas se juntan, surgen, en muy poco tiempo, factores de irritación, conflictos y diferencias de opinión a pesar de todos los elementos de buen éxito que pudiera haber.

Nancy y Ken descubrieron esta verdad.

Nancy era jefa en una oficina con doce empleados a su cargo. En la iglesia era una eficiente y responsable secretaria de la Escuela Dominical.

Con algunas de sus amigas jugaba al tenis, asistía a los principales partidos de béisbol y fútbol. Su trabajo, la iglesia y los deportes la mantenían agradablemente ocupada.

Pero Nancy frisaba los treinta años de edad. ¿Cómo es que no me he casado?

Era una pregunta que se formulaba cada vez con mayor

frecuencia mientras contemplaba en el espejo su bonito rostro y su cuerpo de hermosas formas.

Entonces llegó Ken.

Apareció en la iglesia, un alegre extrovertido, con una amplia y amistosa sonrisa, manera de ser agradable, un magnífico automóvil blanco, y un bolsillo repleto de dinero.

También le gustaban los deportes. Pero en el estadio, en lugar de comprar boletos para las galerías, que es donde prefería sentarse Nancy, Ken adquiría plateas preferenciales. Iban a los mejores restaurantes y él le compraba hermosos regalos y le enviaba flores. Nancy le disputaba tenazmente sus partidos de tenis. A ella le encantaba oírlo charlar y a él le encantaba ser escuchado.

El noviazgo fue agradable y feliz, pero se suscitaron algunos problemas.

Ella pensaba que Ken era demasiado extravagante en el manejo del dinero. Tal vez hablaba demasiado y era algo descuidado en su vestir. **Pero**, era un hombre responsable, tenía un buen puesto y podía darse el lujo de ser desprendido con su dinero.

Él pensaba que Nancy era demasiado tranquila y conservadora, **pero** sentía que necesitaba alguien como ella.

DESPUÉS DEL CASAMIENTO

De modo que se casaron, con todo el dinero que necesitaban y su magnífico automóvil blanco. Fueron a Florida a pasar su luna de miel.

Si bien su espectacular noviazgo duró siete meses, Nancy no estaba acostumbrada a los automóviles enormes y a las altas velocidades. Ella estaba habituada a velocidades entre 90 y 95 kilómetros por hora.

Pero en su enorme y poderoso **Thunderbird**, Ken se lanzó a 130 kilómetros por hora no bien entró en la autopista. (Eso ocurrió antes de los días de la «crisis de energía» cuando la velocidad máxima permitida era de 110 kilómetros por hora). Era también la primera vez que hacían un largo viaje juntos.

La velocidad le molestaba a Nancy, que nerviosamente miraba el velocímetro, esperando que Ken disminuyera la marcha.

Esperó en vano. Conducía como un torbellino por la autopista rumbo a Florida.

Nancy no pudo aguantar más y mirándolo dulcemente, tal cual debe hacerlo una recién casada, le dijo:

—Querido, estás conduciendo a demasiada velocidad.

UN MARIDO DE 130 KILÓMETROS POR HORA Y UNA ESPOSA DE 90 KILÓMETROS POR HORA

—No tienes de qué preocuparte. Ya te acostumbrarás.

Típica respuesta del despreocupado y divertido Ken.

No disminuyó la velocidad en ningún momento. Es de imaginar lo que habrá sufrido Nancy —la de los 90 kilómetros por hora viajando el resto del día con Ken— el de los 130 kilómetros por hora.

Pero no fue eso todo. Ken cambiaba de carriles cuantas veces se le ocurría, se metía entre dos automóviles, y se adelantaba raspando casi a los camiones. Se divertía a mares. Pero Nancy estaba al borde de la histeria.

VOLVIENDO A PENSAR

Ahora que lo pienso, siempre cedí a la voluntad de Ken. En su trabajo Nancy daba órdenes todo el día. Lo autoritario de Ken constituyó un verdadero alivio. Disfrutaba del hecho de que fuera otro quien decidiera por ella. Pero ahora...

Tal vez sea una persona desconsiderada. ¿Y será siempre así?

Mientras el automóvil tragaba las distancias, recordó las numerosas oportunidades en las cuales Ken ignoró sus comentarios restándoles importancia con una sonrisa divertida.

Todo el resto del día Nancy protestó en su interior y objetó mentalmente cada kilómetro del viaje.

Se detuvieron para almorzar y Nancy notó otra cosa en Ken. Tenía apuro por volver a partir, y por ello cargaba el tenedor con alimentos y los engullía de un solo trago.

Ocasionalmente golpeaba sus dientes con el tenedor. Nunca había notado ese detalle hasta este momento, pero ahora, mientras más se fijaba, más le disgustaba.

Decorosamente tomó ella a pequeños sorbos su té helado. Del sitio de Ken llegó con toda claridad el **¡ping!** Pocos minutos después, mientras cortaba su bistec... **¡ping!** Y cuando comía los vegetales... **¡ping!**

Verlo tragar su comida casi sin masticarla era malo. Pero peor aún era oír los ruidos que hacía al masticar y tragar sus alimentos. Añadidos los ocasionales ping al golpear el tenedor contra los dientes, la comida se hizo intolerable.

Se sintió aturullada. Primero fue la diferencia de opinión en cuanto a la velocidad... al estilo de conducir... y ahora Ken hacía ruido al comer y golpeaba el tenedor contra los dientes durante todo el almuerzo. Una Nancy totalmente confundida se dirigió al automóvil. Ken se metió de un salto, tomó el volante, y se lanzó a toda velocidad por la carretera.

LA PRIMERA NOCHE

Haciendo chirriar las gomas frenaron frente a un motel al terminar el día. Otra nueva experiencia aguardaba a Nancy, su primera noche en un motel con un hombre. Y ello después de un día con sus nervios a flor de piel en el inmenso y blanco **Thunderbird**.

Ken entró al dormitorio, se desabrochó su chaqueta y la tiró por los aires. Nancy era el tipo de persona que siempre tenía un lugar para cada cosa y cada cosa en su lugar.

—¿No vas a colgar tu chaqueta?

—¿Qué? —La miró como si hubiera oído mal—. ¿Colgar mi chaqueta?

Nunca pasó de apuntar a la silla más próxima cada vez que se la quitaba.

Y MÁS TARDE...

Hicieron el viaje a Miami en dos días y medio. Ken rebosaba optimismo al entrar en el motel la noche de su tercer día de matrimonio. Corrió las cortinas y a la luz del crepúsculo vio el océano que lamía la playa en la nochecita.

—¡Ah! ¡Qué vista! Levantémonos temprano mañana por la mañana para ver la salida del sol del otro lado del mar.

Nancy estaba totalmente agotada después de casi tres días de tensión. También estaba enojada, criticona y disconforme. Nada hizo el océano ni la sugerencia de su marido para mejorar en alguna medida su estado de ánimo.

¿Y Ken? Ken tomó las cosas como venían sin darle trascendencia alguna.

—Una buena noche de sueño te dejará como nueva —le dijo— Ha sido un largo viaje.

A las seis de la mañana Ken ya estaba en pie y despertaba a Nancy con sus besos. Era la gota de agua que faltaba.

—¡Déjame en paz, Ken! ¡Quiero dormir!— le dijo enojada.

Ken la dejó y se fue solo a la playa.

—Nada como una rápida caminata por la playa tempranito a la mañana— le dijo por sobre su hombro, al abandonar el dormitorio.

DE VUELTA PERO EN AVIÓN...

Nancy ya no pudo conciliar el sueño. Estaba totalmente

despierta y furiosa. De pronto tomó una decisión. Llamó un taxi, metió algunas cosas en su valija, se dirigió al aeropuerto y partió de vuelta a Michigan.

No bien despegó de la pista el avión, Nancy hubiera dado cualquier cosa por estar de vuelta en el motel. Le costaba creer lo que había hecho. Pocas veces en su vida estuvo tan enojada y eso le infundía miedo.

Durante el vuelo a Detroit sus pensamientos saltaban de un lado a otro. Por momentos se sentía arrepentida y ansiaba reunirse de nuevo con el jovial, divertido e impulsivo Ken. Luego se ponía furiosa al recordar en detalle la total falta de consideración que había tenido con ella.

Mientras tanto en Miami, Ken estaba alarmado y sorprendido. **Al final de cuentas**, se dijo a sí mismo, **¿qué otra cosa hice aparte de ser como soy?** Fue un viaje largo y muy solitario de vuelta a Detroit, con muchas horas por delante para meditar. Sus pensamientos vagaban. Por momentos se autocompadecía e inmediatamente después admitía su desconsideración.

Se detuvo una docena de veces para llamar por teléfono a Nancy, antes de llegar a Detroit.

En una reconciliación emotiva, donde abundaron las lágrimas, se prometieron mutuamente que nunca ocurriría otra vez. Pero mientras comentaban su trágica luna de miel comprobaron que se hablaban a gritos o guardaban prolongados silencios.

Terminaron en mi consultorio.

Nancy estaba asustada por su hostilidad. Sin embargo se ponía furiosa cada vez que relataba su historia.

El batallador Ken no salía de su asombro, pero no obstante ello excusaba sus acciones.

¿CUÁL ERA EL PROBLEMA?

¿Era un problema de incompatibilidad? ¿Se habían engañado uno al otro desde el comienzo? ¿Había esperanzas?

Estas eran sus ansiosas preguntas. Traté de disminuir la tensión.

—No es un problema serio —les dije.

Al fin y al cabo Nancy era una ejecutiva que tomaba sus propias decisiones todo el día. Tenía su propio departamento en el cual vivió durante ocho años, haciendo exactamente lo que le venía en ganas hacer.

Lo mismo podemos decir de Ken. Él también tenía empleados a sus órdenes y luego de las horas de trabajo fue su único patrón durante años.

Dos personas inteligentes, sin ataduras mentales —cada una de ellas acostumbrada a que otros obedezcan sus órdenes— fueron arrojadas el uno en brazos del otro. Dos espléndidas personas comprendieron que el formar una relación involucraba descubrir nuevas dimensiones en el otro y acomodarse entre sí para esa nueva relación.

Ken no se percató cuán molesta y atribulada estuvo Nancy. Él se había divertido a más no poder. Y Nancy no tenía idea de cuán decidido y firme podía ser Ken cuando tomaba una decisión.

¿Son Nancy y Ken un caso extremo?

Tal vez. Pero por cada Nancy que abandona a un Ken muchos otros consideran el problema con toda seriedad. Y hay muchos Ken insensibles y agresivos dando vueltas por ahí.

¿CUÁL ES LA SOLUCIÓN?

Entendamos lo siguiente:

En primer lugar, el matrimonio pone al descubierto nuestras tendencias como no lo hace ninguna otra relación, desenmascarando la hostilidad, la terquedad y el egoísmo. En los capítulos cuatro y cinco explicamos cómo lidiar con estas tendencias.

En segundo lugar, en toda buena asociación hay que dedicar tiempo y esfuerzo para desarrollar una forma de vida que sea mutuamente agradable. Esto lo tratamos en detalle en los capítulos seis al doce de este libro. Los ajustes necesarios durante la luna de miel serán reemplazados por otros, muchas veces, al avanzar en la vida.

¡¡¡ESE ES OTRO CANTAR!!!

En cierta ocasión leí unas líneas que me agradaron sobremanera:

Oh, vivir en el cielo
 Con los santos que amamos,
¡Será la gloria!

Pero vivir aquí abajo
Con los que ya conocemos
¡ Ese es otro cantar!

Por cierto que el cielo es una meta a largo alcance. En el interín tenemos que esforzarnos en vivir juntos, de la mejor manera, aquí abajo.

«ME PASARÉ TODA LA VIDA AGRADÁNDOTE»

Antes de casarme yo tenía el firme propósito de ser el esposo más simpático, más amistoso y más calmoso del mundo. Pensé que Eva sería la más simpática, la más amistosa y la más calmada y tranquila de las esposas. Una noche, durante nuestro noviazgo, me miró a los ojos y me dijo:

—Henry, pasaré el resto de mi vida haciéndote feliz.

¡Ohhhhhhhhh! ¡Me sacudió como una corriente eléctrica! ¡Imagínense alguien queriendo hacer una cosa así! ¡Y a mí!

Tomé sus palabras al pie de la letra. Y le seguí la corriente.

—Eva, haré lo mismo contigo.

Y lo decía en serio.

Es fácil imaginar qué tierna fue aquella noche. No sabíamos entonces que no habríamos de poder cumplir aquellos votos.

Fuimos a esquiar durante nuestra luna de miel y nos entendimos a las mil maravillas. Pero tropezamos con un obstáculo la primera noche de vuelta al hogar.

Fui a visitar a los muchachos, como siempre. Nada insólito ni impredecible. Esos hombres eran mis amigos del alma de toda la vida. Durante años habíamos esquiado juntos, de modo que esa noche planeamos un fin de semana para esquiar. Volví a casa y le informé a mi esposa, como quien no quiere la cosa:

—Iré a esquiar este fin de semana con los muchachos.

¿Recuerdan lo que me prometió? Esta era la primera oportunidad que tenía de hacerme feliz.¿Pero saben lo que me dijo?

—De ninguna manera. Estás casado ahora.

Me quedé de una pieza, asombrado. Me sentí traicionado.

Nuestro primer gran conflicto. Fue una difícil negociación. Debatimos el problema durante varios días y al final me salí con la mía. **¡Ninguna mujer me iba a prohibir esquiar!**

¡Qué actitud! En muy poco tiempo descubrimos que nuestras promesas de hacer feliz el uno al otro eran promesas con muy poca base de sustentación. Los primeros años de nuestro matrimonio fueron años tormentosos porque aplicábamos nuestras respectivas imaginaciones e inteligencia para aventajar y anular al otro.

Nuestras intenciones fueron buenas pero carecimos de la capacidad para llevarlas a feliz término. Finalmente hallamos la respuesta, como también la hallaron Ken y Nancy, haciendo frente a nuestra hostilidad, nuestra terquedad, nuestro egoísmo. Logramos desarrollar una forma de vivir mutuamente aceptable, que ha sufrido numerosas modificaciones a lo largo de los años.

UNA PELEA QUE LLEVA VEINTIOCHO AÑOS

Es increíble la persistencia de algunas personas en la lucha por salirse con la suya. Pienso en Cecil y Frances, que un día entraron airadamente en mi consultorio.

Cecil era un hombre corpulento, con veinticinco kilogramos de exceso en su peso. Ella era baja pero también gorda. Llevaban veintiocho años de casados y tenían cuatro hijos. Desde el comienzo de su vida matrimonial Cecil y Frances se trenzaron por dos detalles.

Ella pretendía que él:

1. La llevara de compras todos los sábados a la tarde.
2. Lavara los vidrios de las ventanas cada vez que estuvieran sucios.

La discusión se prolongó a través de los años y se intensificó cuando los hijos dejaron el hogar. El sábado pasado fue el peor. Como de costumbre obligó a su enorme y vigoroso esposo a lavar los vidrios de las ventanas, lo que él hizo luego de agrias discusiones. Luego criticó la forma en que lo hizo y lo obligó a repasar algunos de los cristales.

Ya furioso por el lavado de los vidrios, Cecil a regañadientes salió de compras con ella. ¿Podemos imaginarlo a este fornido y áspero hombrón, de 115 kilogramos de peso, empujando un carrito y caminando ceñudo tras su agresiva mujer de noventa kilogramos de peso? El hombre no pensaba en otra cosa que en la crítica de que fue objeto al lavar los vidrios de las ventanas y en el partido de fútbol que estaba perdiendo ver en el televisor.

Cuando llegaron a su casa él saltó del automóvil y salió disparado hacia el interior de la casa para ver el partido en la televisión. Pero ella no le perdió pisada.

—Oh, no, no te vas a librar tan fácilmente. Tienes que ayudarme a entrar la mercadería que compramos.

¿Es posible imaginar que dos personas cercanas a los cincuenta años de edad actúen de esa manera?

Nuevamente cedió Cecil, pero protestaba al llevar a la casa dos de los paquetes. Los depositó sobre la mesa y se dirigió al televisor. Pero Frances no estuvo de acuerdo; tenía otras ideas.

—Un momento. Queda un paquete en el automóvil.

Fue la gota de agua que faltaba. Cecil la tomó de los hombros y la sacudió hasta hacerle castañear los dientes. Este ataque violento los asustó. De ahí que vinieran a verme a mi consultorio.

NO ENFRENTAN LOS HECHOS

¿Cuál es el problema? ¡Imagínense pelear durante veintiocho años por lavar ventanas y salir de compras!

Eso es dedicación... pero mala dedicación. Para mantener su matrimonio Cecil y Frances deben enfrentar los mismos hechos básicos que tuvieron que enfrentar Ken, Nancy, Eva y yo, es decir la presencia de la terquedad, de la hostilidad y del egoísmo. Una vez hecho eso deben elaborar una forma de vida mutuamente agradable.

DIEZ PAREJAS EN DIFICULTAD

Poco tiempo atrás sonó el timbre del teléfono mientras me dirigía a la puerta de la calle. El llamado venía del oeste del país.

—Doctor Brandt, hay diez parejas aquí que están a punto de deshacer sus matrimonios. Mi esposo y yo formamos una de esas parejas —continuó diciendo la señora—. Ninguno de nosotros queremos que tal cosa ocurra. ¿Podría usted venir hasta aquí para ayudarnos a enderezar nuestras vidas conyugales?

¡Diez parejas pidiendo ayuda! Mucha gente necesita ayuda hoy en día. Cada año que pasa aumenta el número de divorcios. En el año 1975 hubo, por primera vez en la historia americana, más de un millón de divorcios. Pero también está el otro aspecto, es decir diez parejas que quieren salvar sus matrimonios.

Con toda seguridad que esas dos millones de personas que se divorciaron no se casaron con la idea de pelearse entre sí ni tampoco se odiaban a muerte.

El 3 de julio de 1975, el titular de la columna Ann Landers, famosa columnista que aconseja sobre todo tipo de problema rezaba: «Ann no tiene la respuesta». En la columna escribió:

El triste e increíble hecho es que después de 36 años de matrimonio, Jules y yo nos vamos a divorciar. Al escribir estas líneas es como si me refiriera a la carta de un lector. Parece irreal que esté escribiendo de mi propio matrimonio...

Que de aquí en adelante iremos por caminos separados es una de las ironías de la vida.

¿Cómo es que algo que durante tanto tiempo fue tan hermoso no durara para siempre? La mujer que tiene la respuesta para todas las preguntas, no sabe responder a ésta.

Tal vez haya una lección aquí para todos nosotros. Al menos la hay para mí. Nunca digamos: «No podría ocurrirnos a nosotros».

¡Llaman a la reflexión estas desalentadoras palabras!

HAY ESPERANZA

Sí, podría ocurrirle a cualquiera.

¿Hay una respuesta? Creemos que sí. Pero es preciso saber cómo se construyen los muros que llevan al divorcio... y saber cómo desmantelarlos y restaurar los placenteros y felices días de alegre compañerismo.

3

SUBEN LOS MUROS... Y EL MATRIMONIO SE DERRUMBA ESTREPITOSAMENTE

LO QUE NO SABÍAMOS

Nancy y Ken creían que el matrimonio eliminaría las incomprensiones, la soledad, el vacío En su luna de miel despertaron duramente a la realidad.

Mi esposa y yo recibimos el primer sacudón el día que volvimos de la luna de miel. Habíamos imaginado que el matrimonio desterraría los conflictos. Se acabaron los problemas con los padres, con los hermanos, con las hermanas. Haríamos lo que nos viniera en ganas y nos expresaríamos libremente. Para nuestra consternación chocamos en una simple decisión.

«DOCTOR, ¿CÓMO ES POSIBLE QUE...?»

He hablado con miles de parejas, tanto jóvenes como viejas, que han visto venirse abajo sus esperanzas de un matrimonio feliz. Hemos comentado las mismas preguntas:

¿Cómo es posible... sentir tanta dureza hacia una persona por quien una vez sentimos tanta ternura?

¿Cómo es posible... sentir repulsión ante la sola idea de ser tocado por una persona que una vez deseamos tanto, que el problema era querer tocarla todo el tiempo?

¿Cómo es posible... tener tan agudos e insolubles conflictos cuando una vez nos llevamos tan bien?

ES UN PROBLEMA DE MUROS

¿Cómo? ¿Por qué? Se trata de un problema de muros. Se levantan muros invisibles que anulan el afecto, la ternura y la voluntad de mejorar nuestras relaciones, tal como ocurría durante el noviazgo.

Hasta ocurre en los matrimonios «perfectos». Tomemos; por ejemplo, a Susana y Eric. Lo tenían todo. Tenían un hogar, seguridad financiera, educación y un excelente trasfondo cultural.

Todo a pedir de boca, ¿verdad?

Pues bien, a los pocos meses de casados me visitaron en mi consultorio, asombrados de la frialdad que los separaba.

Ella no podía responder a sus caricias, lo que no había constituido problema alguno durante los primeros meses de su matrimonio. ¿Por qué el rechazo de ahora?

Se había levantado un muro... y el matrimonio lentamente se derrumbaba. Observemos a Susana y a Eric mientras construyen el muro, un incidente tras otro, de la misma manera que se construye una pared, ladrillo sobre ladrillo.

SUSANA Y ERIC... HACÍAN LAS COSAS BIEN

Todo empezó antes de casarse. Imposible hallar dos personas más eficientes que Susana y Eric. Él era un graduado universitario, buen mozo, talentoso, prolijo. Ella poseía el título de bachiller y era una excelente secretaria ejecutiva, además de ser agradable y hermosa.

Entre los dos lograron ahorrar suficiente dinero para comprar una casa. Durante su noviazgo buscaron un sitio para edificar, planearon la edificación con un arquitecto y luego edificaron su futuro hogar.

Sin duda sería un matrimonio para toda la vida.

Una vez edificada y amueblada la casa, sembrado el césped y hecha la vía de acceso, estaban listos para casarse. Y eso, es justamente lo que hicieron. Un formidable comienzo para la vida matrimonial, ¿verdad?

Claro está que se suscitaron algunas discusiones respecto al sitio escogido para edificar y a los planos de la casa, y aun respecto a los muebles.

¡Pero era **tan agradable y divertido**, reconciliarse después de una pelea! Los arranques de ira eran suavizados con un cariñoso abrazo, y una diatriba verbal era calmada con su tierno beso Las diferencias de opinión eran inmediatamente ventiladas y clarificadas. Al menos así lo creían.

Susana tenía la vaga sensación de que habitualmente los arreglos terminaban siempre favoreciendo la opinión de Eric. **Pero es que Eric tiene una mente tan lógica. Y mi razonamiento a veces no es tan bueno. No obstante, me gustan algunas de mis ideas aun cuando no pueda defenderlas.**

De modo que se acomodó al razonamiento de Eric y archivó sus propias ideas.

A Eric le parecía que Susana era algo ilógica a veces, pero aprendía pronto. De modo que pasaba por alto y le restaba importancia a la irritación que le provocaba la resistencia de Susana a algunas de sus ideas.

LOS MUROS EMPIEZAN A LEVANTARSE

Más o menos al llegar a este punto comienza a erigirse el muro. Solamente algunos aspectos se clarificaron y solamente una parte del enojo salía a la superficie.

Susana no estuvo de acuerdo con tres cambios que se introdujeron en los planos originales de la casa pero, para mantener la paz (según dijo), no opuso resistencia.

Ciertas ideas de Susana irritaban a Eric. **Eran tan tontas**. Pero en su afán de construir una sólida y firme relación (¿?) reprimió sus reacciones y sonrió.

Así comenzaron su vida matrimonial. Era la misma y antigua historia... irritabilidad encubierta... terquedad... egoísmo... esa secuencia que condena al fracaso a tantos matrimonios.

No entendieron que un pensamiento cuidadosamente guardado y silenciado, un espíritu irritable sofocado, una actitud crítica ignorada... construye un invisible muro que lentamente separa a la pareja. Anula el afecto que los unía y lo reemplaza con tensiones y pensamientos ignorados para ambos.

Hasta ese momento Eric y Susana habían guardado para sí, sin darlos a conocer, sus verdaderos sentimientos y pensamientos.

Pero tal vez no importara demasiado. Su situación era la situación de un sueño hecho realidad. Aún con estos problemas iniciales tenía que ser, forzosamente, un supermatrimonio.

EL GRAN INCIDENTE DE LA TELARAÑA

Pero todo se vino abajo. Fue a consecuencia de una tenue telaraña. O al menos fue la causa aparente.

El drama comenzó una noche pocos meses después de su magnífica ceremonia nupcial. Eric volvió a la casa y... ¡cosa increíble! ¡Cosa de no creer! En el rincón del cielo raso de la sala de su hermoso hogar había... una telaraña.

¡Hum! Seguramente no la ha notado todavía. No le diré nada. Mañana la verá, sin duda alguna.

De modo que no mencionó para nada la telaraña.

Eric hizo las cosas habituales que suelen hacer los jóvenes cuando vuelven de su trabajo. La tomó a Susana entre sus brazos y le dijo cuánto la amaba.

A la noche siguiente la telaraña seguía en su sitio.

Nuevamente Eric la tomó a Susana en sus brazos, la besó y cariñosamente le dijo:

—¡Te amo con toda mi alma!

Ocurrió lo mismo la tercera noche. A la cuarta noche —aún cuando Eric seguía abrazando, besando y susurrándole dulces palabras a Susana— Eric estaba furioso.

Ahí está esa telaraña ¡maldita sea! ¿Es que no la ve?

A la quinta noche la besaba con la mirada fija en la telaraña. A la séptima noche estaba tan disgustado que a duras penas podía contenerse.

Y AL SÉPTIMO DÍA, ERIC...

Durante seis días Eric añadió altura al muro invisible formado por los siguientes materiales:

1. Guardándose para sí sus íntimos pensamientos.

2. Engañando a su esposa... pretendiendo que todo anda bien.

3. Ocultando su hostilidad.

En esas seis noches la había besado, abrazado y dicho las mismas palabras. Ahora era la séptima noche, y las palabras hacían eco de las anteriores.

—Susana, eres maravillosa. Te amo con todo mi corazón. Me alegro de haberme casado...

Esta vez dejó la frase inconclusa. Le resultaba imposible seguir fingiendo. Había llegado al colmo de su paciencia.

—Susana —le dijo con dulzura, pero tanteando el terreno—. ¿No ves esa telaraña? ¿Sabe cuánto tiempo ha estado allí? Este es el séptimo día.

Susana se desprendió de sus brazos, miró a cielo raso y descubrió la telaraña.

¿Qué piensan que dijo?

¿Qué habrían dicho mis lectores?

Bueno, la hermosa Susana rodeó con sus brazos el cuello de Eric y respondió:

—Eric, ¡cuánto me alegro de haberme casado contigo! Me ayudas a ser una mujer mejor.

Lo besó nuevamente y se dirigió a la cocina en busca de una escoba.

Eric se sintió como un sabandija.

Tan furioso que estaba yo y tan bien que lo tomó ella. ¡Debería darme vergüenza!

Pero ignoraba que Susana no lo había tomado tan bien. Camino a la cocina pensaba:

¡Caramba! Si le molestaba tanto la telaraña, ¿por qué no la sacó él? Probablemente el mismo pensamiento se nos habría ocurrido a nosotros

Pero cuando volvió a la escena del entredicho se mostraba de buen talante y con la mejor disposición barrió la telaraña.

Eric se sintió culpable.

¡Qué dulce muchacha es! No tendría que haber hecho tanta alharaca. Pero tal vez le sea beneficioso y la ayude. No queremos tener telarañas en nuestra sala.

¡EL EXPERTO EN EFICIENCIA PONE MANOS A LA OBRA!

Transcurrieron varias semanas de paz en el hogar. Más apropiado sería decir semanas de silencio, porque Susana no podía olvidar el incidente de la Gran Telaraña. Pero no dejaba traslucir sus sentimientos. Era sencillamente magnífica su manera de comportarse con Eric. Inadvertidamente estuvo dos semanas agregando ladrillos a la pared que se levantaba entre ellos. ¿Cuál fue su contribución?

1. Engaño... pretendiendo aprecio.
2. Resentimiento.

Luego, cierto día, se produjo otro incidente. Esta vez tuvo

que ver con la vajilla... o mejor dicho con la forma en que Susana lavaba las diversas piezas.

Trabajaba entusiastamente poniendo la vajilla en un escurridor (habían decidido no comprar una máquina de lavar platos). Eric, un experto en eficiencia, detectó de inmediato un defecto.

¡Susana lavaba la vajilla cruzando las manos! En otras palabras, lavaba la vajilla con su mano derecha y luego depositaba la pieza en el secador situado a su izquierda.

—Amor mío —le dijo— ¿te has percatado que lavas la vajilla cruzando las manos?

Y para suavizar la punzada añadió: —Te lo digo como una colaboración para ayudarte —dijo, seguido de una risita nerviosa.

Pero sus escrúpulos se transformaron en desprecio cuando Susana preguntó extrañada:

—¿Con las manos cruzadas? ¿Qué quieres decir?

¡No lo podía creer! Su esposa no sabía qué significaba la expresión «manos cruzadas». De modo que le mostró «la forma más eficaz de lavar la vajilla», explicándole impacientemente que le resultaría más fácil si colocaba el secador a su derecha.

Y a todo esto, ¿qué dijo Susana?

¿Qué habríamos dicho nosotros?

Bueno, se secó las manos en su delantal, rodeó con sus brazos el cuello de su marido, y lo besó.

—Eric, aprecio tu ayuda. Nunca lo habría pensado por mí misma.

A continuación volvió a su lavado de la vajilla haciéndolo a la manera de Eric.

Nuevamente Eric se sintió terriblemente mal. Había estado tan disgustado y ella lo tomó tan bien, respondiendo con tanta dulzura. Pero pensó:

Creo que hice bien. Sin duda alguna la ayudé. Pero no era eso lo que pensaba mientras tanto Susana, al volver a sus platos y fuentes.

¡Ay, Dios mío! pensó, ¿ahora me va a decir también cómo manejar la cocina?

Calló sus protestas y siguió sonriendo, abrazando y besando. Eric se envalentonó y aumentó sus «sugerencias». Después de todo, ¿no es conveniente acaso creer en las palabras del cónyuge?

En pocas semanas redistribuyó las cosas en el aparador, en la alacena y otras partes de la cocina «más eficientemente». Y cada vez Susana respondía con una cantilena:

—Oh, gracias, Eric.

Pero su resentimiento crecía con cada nuevo comentario.

TRABAJANDO AL UNÍSONO... ¿EN QUÉ?

Esta contienda se prolongó durante varios meses. Tanto Susana como Eric trabajaban asiduamente, sin cesar, en la construcción de su muro.

La contribución de Eric:

1. Engaño... al no compartir sus pensamientos.
2. Impaciencia... respecto a los hábitos de trabajo de Susana.
3. Disgusto... por la «estupidez» de ella.

La contribución de Susana:

1. Engaño... pretendiendo apreciar la actitud de Eric.
2. Resentimiento... por las intromisiones de Eric.
3. Rebelión... al aceptar los cambios a regañadientes.

ERIC SE ENCUENTRA DE PRONTO CON SU WATERLOO

De pronto se desató la crisis, la gran batalla.

No hace falta decirlo... otra telaraña.

En la misma sala y en el mismo rincón. Y esperó exactamente los mismos siete días y repitió la escena anterior.

—Susana, ¿sabes cuánto tiempo ha estado ahí esa telaraña?

—preguntó, esperando un amoroso beso, un abrazo y un «muchas gracias».

Pero esperó en vano esta vez. Hubo fuego y no amor en los ojos de Susana. Se puso tiesa y estalló con furia incontenible:

—¡Estoy harta de tus insinuaciones y sugerencias! ¿Por qué te metes en lo que no te importa?

¡Eeeeeeeeeepa!

¡Qué sorpresa!

Pero no es una sorpresa para nosotros. Lo vimos venir desde el comienzo. Pero Eric no. Él la había tomado al pie de la letra. Por otra parte Eric no era un adivinador del pensamiento ajeno. Nadie lo es.

Eric retrocedió en su mejor actitud defensiva

—Está bien, está bien —dijo—. No tendrías que haberte molestado con estas cosas. Tienes toda la razón del mundo para estar enojada.

Pero esta vez pretendía. Esta vez mentía.

Si vas a comportarte de esta manera, por cierto que no te ayudaré más.

Pero tanto Eric como Susana se guardaban bien de expresar sus pensamientos. Las cosas fueron de mal en peor... y terminaron en mi consultorio.

—Nosotros no peleamos, doctor Brandt —me dijo ella.

—Pero hay una tensión. Cuando escucho su automóvil en la vía de acceso a la casa, me siento congelar. Quisiera darle una cálida bienvenida, pero cuando entra a la casa y veo que dirige la mirada al cielo raso, se me enfría todo el entusiasmo.

Sus abrazos no pasaban ahora de ser movimientos corporales. Sus besos no eran otra cosa que una húmeda experiencia. Como la antigua canción:

Hay un muro entre los dos,

No hecho de piedra.

Mientras más juntos estamos...

Más solos nos hallamos

LA CAUSA DE CASI TODOS LOS PROBLEMAS SEXUALES

Como incontables otras parejas, Susana y Eric estaban extrañados por su «problema sexual». Y por cierto que era un problema.

Susana se ponía como un témpano de hielo a la vista de Eric. ¿Era acaso menos varonil ahora? ¿Había perdido ella sus deseos normales? De ninguna manera. Ambos estaban llenos de vida. Ella era hermosa, ocurrente y sensual como siempre. Él era tan buen mozo, bien plantado y viril como antes.

Estaban divididos por un muro invisible tan real como si estuviera construido de ladrillos. Estaba hecho de materiales familiares y bien conocidos:

engaño	rebelión
odio	ensimismamiento
resentimiento	impaciencia

¿QUÉ HABÍA OCURRIDO?

¿Fue el matrimonio el que originó esas reacciones en Susana y Eric?

No. El matrimonio las puso en evidencia. Pero eran gente bien educada, responsable, que vivían en una excelente casa, bien vestidos y bien alimentados.

Todos estos beneficios de los cuales gozaban son altamente deseables, pero no son suficientes para solucionar el engaño, el odio, el resentimiento, la rebelión, el enfriamiento o la impaciencia.

Eric y Susana trataron de controlar estas reacciones acallándolas. Nancy y Ken, por el contrario, las ventilaron. Las dos parejas terminaron en el consultorio. Encaramos la solución en el capítulo cuatro. Los problemas sexuales los comentaremos en el capítulo once de este libro.

ELEVADOS MUROS SE CONSTRUYEN CON PEQUEÑOS LADRILLOS

Resulta increíble que la gente se angustie tanto por la forma de conducir un automóvil, por la limpieza, por los hábitos de comer, por el tiempo, por el manejo de la casa.

Sin embargo, así es. Un incidente aislado no significa mucho, pero el machacar porfiadamente todos los días sobre una cosa deja sus profundas huellas. Levantar una vez una toalla que fue arrojada descuidadamente en la bañera no es tan malo. Aun cuatro veces por día (veintiocho veces por semana) puede tolerarse.

¿Pero cuatro veces por día durante seis meses? A poco andar se instala el resentimiento.

ESTÁN EN TODA LA CASA...

Pensemos en todos los objetos que se amontonan en una casa.

Empecemos por la sala.
- ¿Qué hacemos con el diario? ¿Lo doblamos prolijamente y lo colocamos sobre la mesita del café? ¿O lo dejamos desparramado en la pieza, una sección aquí y otra sección allá?
- ¿Cuando volvemos del trabajo, nos cambiamos de ropa antes de acomodarnos en un sillón en la sala? ¿O simplemente holgazaneamos por la casa sin sacarnos la ropa sucia?

Vayamos al dormitorio
- ¿A qué temperatura fijamos el aparato de aire acondicionado? ¿Cuánto abrimos la ventana?
- ¿Con cuántas frazadas nos cubrimos? ¿Nos desvestimos

con las persianas abiertas y la luz encendida? ¿O cerramos las persianas y nos desvestimos en la oscuridad?

Pasemos al cuarto de baño:

- ¿Qué hacemos con las toallas mojadas? ¿Las colgamos del caño que sujeta la cortina de la ducha? ¿O las ponemos en el cesto de la ropa sucia? ¿O las colgamos pulcramente en la percha correspondiente?
- ¿Disponemos el papel higiénico con el extremo libre apareciendo por detrás o por delante del rollo?
- ¿Dónde ponemos los cepillos de dientes?
- ¿Empezamos un nuevo tubo de dentífrico antes de haber exprimido al máximo el anterior? ¿Cómo apretamos el tubo?

Por último, el comedor:

- ¿Mantenemos separadas en el plato las diversas comidas o las mezclamos?
- ¿Cómo servimos la mostaza y la salsa de tomate? ¿En sus envases... o en primorosas fuentecillas?
- ¿Cómo cortamos la carne? ¿Cortamos un trozo, lo comemos, y luego cortamos otro y lo comemos, y así sucesivamente? ¿O cortamos toda la porción en pequeños trozos y luego comemos esos trozos?
- ¿Qué de los cereales que comemos al desayuno? ¿Qué ponemos primero... la leche o el azúcar?
- ¿Cómo nos ataviamos para el desayuno? ¿Totalmente vestidos o con la bata de dormir?

Un desacuerdo puede no significar mucho. Pero muchos desacuerdos repetidos durante un lapso de muchos meses, pueden erigir un muro invisible y divisivo.

Podemos comparar esta situación con la construcción de un edificio. Un ladrillo difícilmente se nota. Pero suficientes ladrillos conforman un recinto que nos deja afuera.

En mi consultorio muchos matrimonios perplejos, me dicen:

—Nos hemos alejado el uno del otro. Hemos perdido la intimidad.

—No soporto ni siquiera que me toque.

—Ha desaparecido todo afecto entre nosotros. Estas afirmaciones provienen de personas que un día pensaron que el matrimonio, justamente con esa misma persona, sería algo maravilloso.

LAS REACCIONES A LAS OPINIONES NOS DAN LA CLAVE

Los choques que comentamos entrañaron diferencias de opiniones entre cónyuges. Sus reacciones a dichos choques o colisiones, levantaron paredes invisibles que anularon la ternura, el compañerismo y la voluntad que permitiera el crecimiento de esa unión. Ocurre con recién casados, con veteranos, con los instruidos, con los ricos, con los sanos, los iletrados, los enfermos y los pobres.

Desmantelemos esos muros.

4

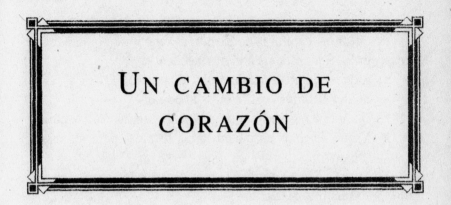

UN CAMBIO DE CORAZÓN

«MI MATRIMONIO ESTÁ REPLETO DE AMOR, ARMONÍA, FELICIDAD, CONSIDERACIÓN...»

En veinticinco años como consejero, nunca me ha ocurrido que una pareja viniera a verme porque su matrimonio rebosaba de armonía, felicidad, benevolencia, consideración mutua, alegría y paz.

¿Podemos imaginarnos a Susana y Eric entrando a mi consultorio plenos de admiración, afecto y mutua aprobación?

—Tenemos un serio problema —diría Susana—. Me estremezco de emoción cuando escucho el automóvil de Eric entrar por la vía de acceso a la casa. Nos sentimos transportados cuando nos acariciamos.

—Eric aprueba todo lo que hago, coincide con todas mis opiniones, y cumple todos mis deseos de inmediato y encantado de hacerlo.

—Doctor Brandt, díganos por favor cómo hacer para empezar una buena pelea. No podemos soportar más esta armonía y bienestar.

DE NINGUNA MANERA... ES DESACUERDO Y DISCORDIA

De ninguna manera. Cada uno de los casos mencionados en los dos últimos capítulos contienen el común denominador del desacuerdo. Recordemos algunos hechos:

- ¿A qué velocidad conducimos el automóvil?
- ¿Cuales son nuestros hábitos al comer?
- ¿Qué podemos decir sobre nuestras salidas para esquiar?
- ¿Y qué diremos en cuanto a las técnicas para manejar el hogar?

Ninguno de estos problemas es demasiado serio en sí mismo, pero ilustra dos hechos:

1. El desacuerdo es tan natural como el respirar cuando al tomar una decisión difieren las opiniones.

2. El desacuerdo traduce hostilidad, terquedad, rebelión y egoísmo.

¿Por qué les ocurren estas cosas a gente buena y responsable?

«¡USTED ESTARÁ BROMEANDO!»

Una explicación ha logrado perpetrarse, desafiando la prueba del tiempo. Figura en la Biblia.

«¡Usted estará bromeando!», es la primera reacción de muchos de mis clientes, cuando me oyen decir esas palabras.

Pero hemos podido comprobar que miles de personas han reconsiderado, con el tiempo, su primera reacción negativa sobre la Biblia. Al cabo de varios años de poner en práctica sus principios, hallaron la fórmula que les permitió transformarse en personas de gran integridad y rehacer su deshecho matrimonio.

Muy bien. Creo haber logrado despertar el interés de mis lectores. En breves palabras, he aquí cómo explica la Biblia el comportamiento de las personas que relatamos en los capítulos dos y tres.

LA CAUSA

Comencemos con las bases para lograr buena relaciones humanas. Leamos cuidadosamente los siguientes versículos.

Completad mi gozo, sintiendo lo mismo, teniendo el mismo amor, unánimes, sintiendo una misma cosa. Nada hagáis por contienda o vanagloria; antes bien con humildad, estimando cada uno a los demás como superiores a él mismo; no mirando cada uno lo suyo propio, sino cada cual también por lo de los otros (Filipenses 2:2-4).

Todos ello: Ken y Nancy, Henry y Eva, Susana y Eric, concordaron con estos versículos. Sintieron que querían gozar de una mutua relación de amor, de condescendencia y de generosidad.

¿Por qué?

He aquí la razón, de acuerdo a la Biblia:

Todos nosotros nos descarriamos como ovejas, cada cual se apartó por su camino; mas Jehová cargó en él el pecado de todos nosotros (Isaías 53:6).

Ahí lo tenemos. Cuando se hizo necesario tomar una decisión, no importa cuán intrascendente, y las opiniones no coincidieron, cada uno de nuestros temperamentos tomó por su lado, se apartó por su camino, en lugar de buscar lo que mejor resultara para la pareja.

El «pecado» de ellos fue querer salirse con la suya, ir cada cual por su camino, y eso puede sintetizarse en una sola palabra: egoísmo. El matrimonio no elimina sino que, por el contrario, aumenta el egoísmo, cuando este existe.

Nuestro carácter sufre sus consecuencias, y nos volvemos

discutidores e irritables. La Biblia lo expresa de la siguiente manera:

> *Manifiestas son las obras de la carne, que son: adulterio, fornicación, inmundicia, lasciva, idolatría, hechicerías, enemistades, pleitos, celos, iras, contiendas, disensiones, herejías, envidias, homicidios, borracheras, orgías, y cosas semejantes a estas; acerca de las cuales os amonesto... que los que practican tales cosas no heredarán el reino de Dios* (Gálatas 5:19-21).

En todos nuestros casos, el matrimonio aumentó en vez de eliminar esas «obras de la carne». Es normal que cada uno busque su propio camino. Cuando nuestros senderos chocan con los de otra persona, se produce automáticamente el desacuerdo y se instalan las «obras de la carne». Llegamos a imaginar que el matrimonio nos tornaría amorosos, bondadosos y generosos. Pero no ocurrió así.

Sacó a la luz características y formas de ser que nunca nos gustaron. ¿A quién recurrimos, entonces, en busca de ayuda?

LA CURA

A Dios. ¿Suena demasiado a recurso simplista: ¿Se les hace demasiado pesada y gravosa la lectura de estos versículos de la Biblia? Pero sigamos leyendo, porque constituyen la llave que abre las puertas a una exitosa vida matrimonial. Veámos nuevamente Isaías 53:6

Todos nosotros nos descarriamos como ovejas, cada cual se apartó por su camino; mas Jehová cargó en él el pecado de todos nosotros.

«Él», en el versículo leído, se refiere a Jesús. El capítulo 53 de Isaías, en su totalidad, predice cómo habría de morir Jesús, por nuestros pecados:

Mas él herido fue por nuestras rebeliones, molido por nuestros pecados; el castigo de nuestra paz fue sobre él, y por su llaga fuimos nosotros curados (Isaías 53:5).

Tenemos que ser salvados de nuestros pecados e iniquidades. ¿Pero cómo? La Biblia dice:

Vuestras iniquidades [egoísmo] han hecho división entre vosotros y vuestro Dios, y vuestros pecados [las obras de la carne] han hecho ocultar vosotros su rostro para no oír (Isaías 59:2).

Esta división puede ser fácilmente solucionada. Fue Jesús quien pronunció las siguientes palabras:

Yo soy el camino, y la verdad, y la vida; nadie viene al Padre, sino por mí (Juan 14:6).

Y esto es lo que la Biblia dice sobre Jesús:

Si confesares con tu boca que Jesús es el Señor y creyeres en tu corazón que Dios le levantó de los muertos, serás salvo. Porque con el corazón cree para justicia, pero con la boca se confiesa para salvación (Romanos 10:9,10).

Mas a todos los que le recibieron [a Jesús] a los que creen en su nombre, les dio potestad de ser hechos hijos de Dios (Juan 1:12).

Tendemos un puente sobre el abismo que nos separa de Dios, pidiéndole a Jesús que entre a morar en nuestra vida. Este sencillo paso puede resultar muy familiar para muchos de mis lectores. Pero para algunos puede ser algo nuevo.

¿Cómo decirlo más claramente? Sin dar este paso no hay manera alguna de eliminar los impulsos y las tendencias que levantan muros entre los cónyuges.

Si nunca lo hicimos antes, podemos pedirle a Jesús que entre a nuestra vida, elevando la siguiente sencilla oración:

Jesús, estoy separado de Dios por mis iniquidades y mis pecados. Te recibo en mi vida para ser salvo de mis pecados y transformarme en un hijo de Dios. Gracias, Jesús, por entrar en mi vida y tender un puente sobre el abismo que me separaba de Dios.

Si la Biblia es verdad y hemos orado sinceramente, entonces somos una nueva criatura de Dios, y podemos reclamar algunos de los recursos que solamente Dios puede brindar.

PERO VOLVAMOS AL MATRIMONIO

Recordemos que buscábamos una manera de mejorar nuestro matrimonio. Todavía peleamos con nuestro compañero o compañera. Chocamos, tomamos cada uno por nuestro camino y respondemos con obras de la carne cuando nuestras opiniones difieren. Sea que recién hayamos adquirido el estado de hijos de Dios, o lo hayamos sido por años, nuestro problema subsiste. La Biblia dice:

> Si confesamos nuestros pecados, él es fiel y justo para perdonar nuestros pecados, y limpiarnos de toda maldad (1 Juan 1:9).

He visto muchos hombres y mujeres atragantarse al tener que admitir que «soy una persona egoísta. Salirme con la mía es más importante que la marcha de mi matrimonio. No puedo evitarlo sin ayuda».

Luchamos contra semejante opinión de nosotros mismos. Pero es cierto, y se impone como prioridad absoluta, una oración pidiendo ayuda. La oración puede ser sencillísima:

Dios, te confieso mi egoísmo y las obras de la carne cuando hubo que tomar alguna decisión entre mi cónyuge y yo. Perdóname y límpiame. Amén.

Cuando dijimos esa oración, ¿lo hicimos con sinceridad? En caso afirmativo hemos sido perdonados, limpiados y justificados. Ahora podemos empezar de nuevo, para mejorar nuestro matrimonio.

5

EL AMOR ES MÁS QUE UNA COMEZÓN

TENEMOS UNA VENTAJA

De modo que somos hijos de Dios. Veamos cómo se traduce ese hecho en la vida real. La Biblia dice:

Justificados, pues, por la fe, tenemos paz para con Dios por medio de nuestro Señor Jesucristo (Romanos 5:1).

¿Justificados? ¿Qué significa ser justificados? Al ser justificados hemos hecho lo siguiente:

1. Hemos reconocido el hecho de que nuestras iniquidades (egoísmo y obras de la carne nos mantenían separados de Dios (Isaías 59:2).

2. Hemos creído por fe que Dios cargó sobre Jesús nuestras iniquidades (2 Corintios 5:21; Gálatas 3:13).

3. Hemos sido perdonados al invitar a Jesús a entrar en nuestra vida. Ahora somos hijos de Dios y podemos acercarnos a su

presencia (como si jamás hubiéramos pecado), hablar con él y **contar con su ayuda** (Juan 1:12).

UN NUEVO RECURSO

¿De qué manera pueden ayudarnos los recursos de Dios? He aquí las buenas nuevas:

> *...el amor de Dios ha sido derramado en nuestros corazones por el Espíritu Santo que nos fue dado* (Romanos 5:5).

El amor que produce un vivir armonioso no es generado entre personas. Nos viene del exterior y comienza con el amor de Dios. Sea que hayamos recibido a Cristo hace muchísimo tiempo o recién hoy, tenemos acceso a su amor. Pidámosle que bañe nuestro corazón con ese amor. Quedaremos perplejos ante el cambio en la forma de reaccionar que se produce en el compañero. Pero tenemos que saber qué es lo que pedimos.

EL ACEITE QUE ELIMINA LA FRICCIÓN... EL AMOR DE DIOS

Si tomáramos una muestra de petróleo crudo, y la separásemos en sus partes constitutivas, tendríamos una variedad de productos, entre los que contaríamos los siguientes:

kerosene	etano
gasolina	propano
metano	butano
grasa	aceites lubricantes

De la misma manera, el amor de Dios puede ser separado en sus diversos elementos. Es lo que hace la Biblia en 1 Corintios 13:4-8.

Ese pasaje de la Escritura dice:

- El amor es sufrido
- El amor no se goza de la injusticia
- El amor es benigno
- El amor se goza de la verdad
- El amor no tiene envidia
- El amor todo lo sufre
- El amor no es jactancioso
- El amor todo lo cree
- El amor no busca lo suyo
- El amor todo lo espera
- El amor no se irrita
- El amor todo lo soporta
- El amor no guarda rencor, no toma en cuenta las ofensas recibidas
- El amor nunca deja de ser

Extraordinaria lista, ¿verdad? Puesto que el amor de Dios reviste tantísima importancia, considerémoslo en todo detalle; de esa manera sabremos cómo nos puede ayudar Dios.

EL AMOR ES SUFRIDO (PACIENTE EN EL SUFRIMIENTO)

Todos nos metemos en situaciones que no nos gustan. Suponemos que el único tipo de sufrimiento es el que sufrimos nosotros.

Algunos años atrás me hallaba en una país extranjero. El único medio de transporte era caminar o montar en un burro. A mi alrededor la gente se moría de hambre. Niños pequeños, con sus estómagos hinchados por el raquitismo, miraban al espacio con su mirada perdida, ante la impotencia de sus padres, que nada podían hacer por ayudarlos.

Me sentí muy aliviado al llegar de vuelta a Miami. Me esperaban en el aeropuerto y velozmente partí en un convertible sobre estupendas carreteras, lisas como mesa de billar. Fuimos a un restaurante que contaba con todo tipo de ensaladas, verduras, carne y postre. No obstante esa abundancia, muchos parroquianos se mostraban impacientes y protestaban y se quejaban porque tenían que formar fila. La espera alteraba sus planes y revelaba un déficit del amor de Dios (paciencia).

Mi mente voló al país extranjero que había visitado. Allí encontré personas pacientes y personas impacientes, exactamente igual que en la fila del restaurante.

Muchas personas deben enfrentar la pobreza, la falta de alimentos, la ropa raída, el desalojamiento. Otros nunca se pierden una comida pero reaccionan impacientemente.

No se trata de pobreza o de abundancia. Es el amor de Dios en nosotros lo que determina si hemos de responder paciente o impacientemente.

Algunas personas no encuentran con quien casarse y son desdichadas. Pero en mi consultorio hablo con gente que sufre porque halló con quien casarse.

—¡He llegado al límite! ¡no lo puedo soportar más! —como si mi cliente fuera la única persona del universo que ha tenido problemas con su compañero.

Todos lo tienen.

La impaciencia es una enfermedad muy común. Lo revelan las circunstancias y la gente con quienes tuvimos algo que ver en la vida. ¿Cuál es la respuesta? Podemos sacudir nuestros puños a la cara de Dios, como si dijéramos:

—¡Dios, no me gusta la manera como haces las cosas!

O, por el contrario, podemos permitirle a Dios que bañe nuestro corazón con un amor que exude paciencia. El problema no desaparece, pero podemos pensar desapasionadamente y buscar con tranquilidad una solución, una salida, cuya búsqueda nos puede demandar semanas, meses o aun años. Nuestra respuesta cambia cuando debemos afrontar sufrimientos y problemas. Esto es importante, porque nosotros no determinamos las privaciones de nuestra vida ni el tiempo que habrán de durar nuestros sufrimientos. Algunos sufren toda su vida.

El amor es paciente, aun mientras la persona sufra. Cuando tratamos con niños es cuando más necesitamos de nuestra paciencia.

Una pareja se vio obligada a consultarme debido a su impaciencia.

—Le hemos dicho una y mil veces a nuestro hijo que limpie su pieza. ¡Nos tiene hartos! La paciencia no da resultado alguno. Cuando se nos termina la paciencia lo obligamos a limpiar su pieza. ¡La impaciencia es la que da resultado!

¿Mi respuesta?

—La actitud de su hijo revela no la paciencia sino la impaciencia de ustedes. Impacientemente permitieron que mantuviera sucia su pieza, y luego, impacientemente, lo obligaron a limpiarla. Ustedes creen que la inacción es evidencia de paciencia y que la acción es evidencia de la impaciencia. De ninguna manera. Les falta paciencia, tanto si lo obligan como si no lo obligan a limpiar su pieza. Han confundido paciencia con supervisión. Cualquier ejecutivo sabe perfectamente bien que tiene que supervisar diariamente su empresa para asegurarse de que sus empleados hacen lo que están obligados a hacer. Ya lo dice la antigua máxima: El empleado hará lo que el patrón inspecciona, no lo que el patrón espera que haga el empleado. Si los adultos necesitan de una diaria inspección, cuánto más lo necesitarán los niños. Todos nosotros, incluso los niños, tenemos la tendencia de hacer las cosas a nuestro antojo. La paciencia que necesitan para supervisar a su hijo, proviene de Dios. ¿Cómo la pueden obtener? Admitiendo que no poseen paciencia, arrepintiéndose, y pidiéndole a Dios que inunde sus corazones con ella, mientras tratan con su hijo el problema de la limpieza de su habitación.

· *El amor es paciente.*

EL AMOR ES BENIGNO

La benignidad corre parejo con la paciencia, proyectando la amabilidad en dirección a la fuente del sufrimiento. La benignidad estaba ausente en ese poderoso Thunderbird blanco. También estaba ausente la benignidad en el nuevo hogar de Susana y Eric. Chocaban en todo aquello que más caro les resultaba.

Estaban íntegramente dedicados el uno al otro pero su impaciencia y falta de bondad construyó una pared.

Escuché una historia que a todos resultará beneficioso conocer. El que me la relató era un hombre de esmerada educación, respetado por todos y con veinte años de casado.

Su esposa tenía la firme e inamovible convicción de que era deber y responsabilidad del hombre de la casa sacar el recipiente de la basura. Toda las mañanas, luego de despedirse de ella con un beso, la mujer le entregaba una o dos bolsa con la basura. Su rutina normal era tomar la bolsas, salir taconeando de la casa y arrojar la bolsas en el tacho de los desperdicios.

—Eso termina con la desagradable basura —murmuraba por lo bajo hablando consigo mimo; se metía en el automóvil y daba vuelta a la esquina haciendo chirriar las gomas.

La batalla se había prolongado por veinte años. Entonces descubrió el amor de Dios. Quedó perplejo al descubrir con qué dureza de corazón actuaba todas las mañanas.

Sigue sacando la basura por las mañanas. Todavía lo hace como una concesión, pero ahora con sentimientos amables hacia su esposa.

Descubrió más adelante que muchos de sus deberes y obligaciones de todos los días los había hecho con la misma falta de amabilidad. Comprendió que había sido el artífice y constructor de su propia desdicha.

Este hombre permitió que Dios inundara su miserable espíritu. Sin cambiar un ápice de su vida, comenzó a disfrutar sus tareas en lugar de verlas como desagradables obligaciones.

Una corporación para la cual trabajé, con gran sentido cívico, presionó a sus empleados a dar un día de pago de su salario por año para el Fondo Unido de Beneficencia. Hubo muchas quejas y lamentos, pero la mayoría de los empleados aceptaron el pedido. Algunos contribuyeron con espíritu amable, y otros con grandes protestas. En cualquiera de los dos casos había que ceder el dinero. Es el espíritu, no el hecho, lo que demuestra la bondad.

Muchas veces tenemos que hacer cosas que preferiríamos no hacer. Hacerlas con espíritu desprovisto de bondad es crear nuestro propio sufrimiento.

El amor es benigno.

EL AMOR NO TIENE ENVIDIA

La envidia puede llevar a un tremendo sufrimiento personal. Ese sufrimiento puede traducirse en descontento, malevolencia, resentimiento, encono, desdicha, disgusto mental por el éxito de algún semejante, espíritu de superioridad o de sacar ventajas en desmedro de los demás. Podría hasta involucrar animosidad hacia un rival o sospechas de infidelidad. Es lo que veo con mucha frecuencia en mi consultorio.

Jean y Marta eran compañeras de estudio. Jean se enamoró del astro atlético del instituto educacional donde cursaban sus estudios, y se casó con él. No tardó en descubrir que no pasaba de ser una persona común, uno entre tantos aparte de su capacidad atlética.

Ahora Jean y su esposo viven en una humildísima casita y apenas logran subsistir con el pobre salario del esposo. Feliz y despreocupado juega durante las noches en equipos de fútbol de la vecindad. Los espectadores lo quieren muchísimo.

Marta se casó con un joven estudioso, verdadero ratón de biblioteca. Jean nunca lo pudo soportar, pero el ratón de biblioteca terminó triunfando en el mundo de los negocios. Marta vive en una enorme y hermosa casa, viste elegantes prendas, maneja su inmenso automóvil y se mueve en círculos profesionales.

A Jean la corroe la envidia por popularidad de su esposo y la fácil y placentera vida de Marta. Esto es lo opuesto a la admiración hacia una persona.

Malcolm tiene el don y el arte de hacer pingües negocios inmobiliarios que su esposa, Helen no puede entender. Si él siguiera los consejos de su esposa nunca se comprometería, porque ella no tiene dudas de que está cometiendo un error. Este es otro tipo de envidia.

El amor de Dios es lo opuesto a la envidia. Su amor ayudaría a Jean y a Helen a apreciar el talento, la capacidad y las oportunidades de otra gente.

El amor no tiene envidia.

EL AMOR NO ES JACTANCIOSO... NO SE ENVANECE...

Carlos vino a verme por dos razones. Su esposa le tenía aversión y además empezaba a perder a sus amigos.

Después de esa introducción me relató su éxito en su actividad como agente de seguros. Luego habló de su carrera atlética cuando era estudiante, época en que su nombre era conocido por todos y los cazadores de autógrafos lo hacían el centro de la atención.

Al llegar a este punto intervino con una interrupción la esposa de Carlos.

—He oído ese mismo discurso centenares de veces.

Pronto me di cuenta de que la conversación de Carlos era exclusivamente unilateral. No escuchaba a los demás, y esperaba la más mínima pausa en su interlocutor para poder reasumir sus fanfarronadas.

Según su esposa, sus triunfos comerciales no superaban los de ninguno de sus amigos a quienes, por otra parte, no les importaba un ápice su carrera de atleta en la universidad. Para ellos no era más que una persona arrogante.

Ella estaba en lo cierto. Carlos exigía una consideración que en realidad no le correspondía. Hacía sentir sus derechos o pretensiones en una forma que iba más allá de la modestia. Eso es jactancia y arrogancia.

Y ENTONCES, ESTÁ DON...

Recientemente fui orador en un campamento de familia. Teníamos un dirigente llamado Don que tenía la rara habilidad de hacer sentir cómodos y como en su casa a un grupo de extraños. Recordaba los nombres de las personas. Como quien no quiere la cosa al poco rato cantaban a voz en cuello y se hacían amigos. Utilizaba sus talentos para bendición de otros y no para impresionar a nadie, que es justamente lo opuesto a la jactancia y a la arrogancia.

El amor de Dios no es jactancioso, no se envanece.

EL AMOR NO ES INDECOROSO...
EL AMOR NO BUSCA LO SUYO...
EL AMOR NO SE IRRITA...

Podemos combinar estas tres características del amor: el amor no es indecoroso porque no busca lo suyo y, por lo tanto, no se irrita.

Sin embargo, a veces nos esperan verdaderas sorpresas. Con perplejidad constatamos que decimos y hacemos cosas que difícilmente concuerden con estos tres elementos del amor de Dios.

Como orador viajo muchísimo y, por lo tanto, estoy ausente a menudo de mi hogar. Cuando nuestros hijos eran pequeños nos ajustábamos a una rigurosa norma: nunca me ausentaba por una semana completa.

En cierta ocasión, a 3.200 kilómetros de casa fueron cancelados dos días de mi gira. Y mi próximo compromiso estaba distante 800 kilómetros de donde yo estaba. ¿Qué hacer? ¿Quedarme donde estaba o volver a casa?

¡Eso haré! Volveré a casa y les daré la gran sorpresa.

Así hice. Viajé 3.200 kilómetros. Luego de volar toda la noche llegué a casa alrededor de la: 8:3.0 horas de la mañana.

Mi esposa salía de casa en momentos en que yo llegaba. Para mí su salida de la casa resultaba un lastimoso chasco pero, después de todo, ella tenía sus propios planes y compromisos. Yo no le había anunciado por teléfono mi regreso anticipado. Mi llegada iba a ser una sorpresa.

Acordamos que nos veríamos dentro de algunas horas. Bajé al subsuelo y me entretuve, para pasar el tiempo, en diversos quehaceres hasta que ella volviera. Escuché que el automóvil entraba en la vía de acceso y comencé a anticipar su llegada.

Bajará inmediatamente. Estoy seguro.

Sí, entró a la casa. Pero fue directamente... al piso de arriba. Oí cuando subió los escalones que llevaban al piso superior. Di varios golpes con el martillo para asegurarme de que ella supiera dónde me hallaba.

Ahora vendrá, no hay duda alguna.

Me imaginaba la escena. Mi esposa bajaría al subsuelo, caería en mis brazos, y me diría qué contenta estaba de tenerme en casa.

Pero nada de eso ocurrió.

Bueno, ¿qué les parece eso? Decidí no moverme de donde estaba. **Al fin y al cabo había viajado toda esa distancia, nada más que para estar con ella y los niños. ¿No era de esperar que bajara al subsuelo y me dijera qué contenta estaba de tenerme de vuelta en el hogar?**

Pero no lo hizo. Yo estaba realmente furioso. Pero lo extraordinario es que no habían pasado veinticuatro horas del momento en que yo le hablaba a la gente cómo andar en el espíritu de amor... cómo ejercitar la paciencia y ser sufridos.

Finalmente trepé las escaleras dando taconazos. Ella estaba en la cocina preparando el almuerzo y se mostró fría e indiferente.

Si ella no quiere hablarme a mí, por cierto que yo no le hablaré a ella. Yo bufaba y resoplaba por dentro.

Nos sentamos a un desdichado almuerzo. Yo la miraba echando fuego por los ojos. Ella me miraba de la misma manera. Por fin me levanté de la mesa y me dirigí a la sala, seguro de que ella vendría y me acompañaría, sentándose conmigo.

¿Podrán imaginarse mis lectores lo que hizo? ¡Se sentó a la máquina de coser! Y ahí estaba yo, sentado, un barril de dinamita temperamental, a punto de explotar. Sin poder esperar me solté abruptamente:

—¿Quieres hacerme el favor de parar esa máquina de coser? ¡He cruzado todo el país para volver a casa y no me prestas la más mínima atención!

—¿Qué quieres decir? —respondió ásperamente.

—Bueno, quiero decir que estoy de vuelta y tú estas cosiendo.

—¿Acabas de llegar a casa? —ahora estaba furiosa—. ¿Por qué no subiste a verme? ¡Nadie te sujetaba al subsuelo!

¿Qué me dicen de todo esto? Yo estaba en el subsuelo hirviendo de indignación. Ella estaba en la planta alta, hirviendo de indignación. Yo pensaba que lo menos que podía hacer era bajar al subsuelo a verme. Ella pensaba:

Si puede viajar 3.200 kilómetros para verme ¿cómo es que no puede subir hasta donde estoy yo?

¿Será posible? ¿Será posible que dos personas mayores actúen de esta manera?

Estaba ausente el amor de Dios. El amor no actúa indecorosamente porque no busca lo suyo y, por lo tanto, no se irrita fácilmente. Por cierto que en esa prueba fuimos aplazados.

¿Qué hacen las personas justificadas cuando se dan cuenta de que están equivocadas? La Biblia nos dice que:

Si andamos en luz, como él está en luz, tenemos comunión unos con otros, y la sangre de Jesucristo su Hijo nos limpia de todo pecado (1 Juan 1:7).

La estupidez de nuestro comportamiento nos dio de lleno como un rayo, y confesamos nuestros pecados (comportamiento indecoroso, egoísmo e irritación) y le permitimos a Dios que inundara nuestro corazón con su amor. Dios restauró nuestro compañerismo y cariño.

El amor de Dios nos transforma en personas atentas, cuidadosas y sensibles hacia nuestros semejantes. Sin ese amor retornamos a nuestro habitual egoísmo.

El amor no actúa indecorosamente, no busca la suyo propio, ni se irrita con facilidad.

EL AMOR NO TOMA EN CUENTA LAS OFENSAS RECIBIDAS... EL AMOR NO SE GOZA DE LA INJUSTICIA...

Hay algunos «agravios» que se repiten una y mil veces. Conocemos al dedillo los siguientes:
- El esposo no dedica suficiente tiempo a su esposa y amigos.
- La esposa descuida a su marido y a su familia.
- Uno de los cónyuges es financieramente irresponsable.
- Enredo físico o emocional con otro.
- La esposa no satisface al marido ni al cocinar ni al ocuparse de los quehaceres domésticos.
- Uno de los cónyuges trata a sus hijos con mimos y regalos.
- El otro toma represalias.

No hay duda alguna que hay involucrado un «auténtico agravio». Lo triste de todo esto es que el **cónyuge inocente** es el que llega al consultorio enojado, amargado y resentido.

—¿Por qué no? —es la pregunta habitual que me dirigen enojados.

Hay una manera mejor. Tenemos que responder con el amor de Dios (paciente, sufrida, amablemente). El problema subsiste pero no sufrimos por él. Recordemos que el enojo, el resentimiento y la amargura del cónyuge inocente no molestan en lo más mínimo al cónyuge agraviante.

¿No es maravilloso saber que podemos echar mano del amor de Dios cuando más lo necesitamos, es decir cuando hemos sido agraviados?

El otro lado de la moneda sería regocijarnos en la injusticia. Tal vez nuestro cónyuge nos ha regañado por nuestro comportamiento inaceptable y ahora hace lo mismo. Y nos alegramos.

Los hijos de otro matrimonio crean problemas, y de eso nos regocijamos. Deliberadamente llegamos tarde a casa y disfrutamos cuando nuestro cónyuge pierde los estribos.

El amor de Dios en nosotros no se detiene porque hemos debido soportar un agravio. Tampoco nos regocijamos cuando comprobamos los agravios que infiera otra persona o nos gozamos desquitándonos por el agravio inferido.

El amor echa al olvido los agravios sufridos y no se goza en la injusticia.

EL AMOR SE GOZA DE LA VERDAD

Todas las mañanas, al levantarnos, debemos enfrentar ciertos y determinados hechos. Esos hechos incluyen recuerdos de ayer, exigencias de hoy y lo desconocido de mañana. Veamos algunos de ellos:

- Casado o soltero
- Bonito o no bonito
- Solo o acompañado
- Instruido o indocto
- Con niños o sin niños
- Rico o pobre
- Fuerte o débil
- Empleado o sin empleo
- Enfermo o sano
- Bien tratado o maltratado
- Alto o bajo

Antes de abandonar el lecho, a la mañana, podemos dejar que el amor de Dios inunde nuestro corazón. Luego podemos regocijarnos en estas verdades (y otras) —soportarlo todo, creerlo todo, esperarlo todo, sufrirlo todo— sin tomar en cuenta los agravios sufridos o especular sobre la conveniencia de tomar una decisión injusta.

Podemos aceptarnos a nosotros mismos, tanto en lo positivo como en lo negativo.

Tomemos a Pablo, por ejemplo. A él le gustaría tener una estatura de 1,93 metros y un peso de 110 kilogramos, y ser jugador de un equipo profesional de fútbol. Pero en lugar de ello, todas las mañanas, al saltar de la cama, tiene que enfrentarse al hecho de que su estatura es apenas de 1,65 metros y no supera los 63 kilogramos de peso.

Floyd es constructor. Tiene en marcha diversos proyectos por valor de varios centenares de miles de dólares. Los sindicatos de la construcción se han declarado en huelga, de modo que le resulta imposible terminar los trabajos iniciados. Los intereses por los préstamos acordados para sus proyectos le están comiendo su capital. Floyd enfrenta una real posibilidad de bancarrota.

Jean tiene tres niños en edad preescolar. Hoy amanecieron todos resfriados.

Betty tiene un muchacho a quien ama profundamente, que tiene diecinueve años de edad y se ha ido del hogar. Ella no sabe dónde fue ni qué está haciendo.

Juan se asoma a la ventana y mira sin ver, perdida la vista en lontananza. Es un hombre fuerte y goza de buena salud. Pero está sin empleo. Preferiría trabajar y no depender del gobierno como desocupado, pero no tiene alternativa.

Bob acaba de recibir del abogado de su esposa los papeles para iniciar el juicio de divorcio. Se da cuenta de que él mismo se lo buscó al dedicar toda su vida y energía a su trabajo y al gol, olvidándose de su familia. Y cuando venía a casa su compañía no era nada agradable debido a la bebida, a la que se había entregado.

Todo el mundo se enfrenta diariamente con un juego completo de verdades. Yo tengo las mías y mis lectores tienen las suyas. El amor de Dios nos ayuda a aceptar circunstancias que se repiten siempre y nos ayuda a disfrutar tratando de resolverlas.

DICIENDO LA VERDAD

Hay otro tipo de verdad que involucra los pensamientos, las opiniones y el comportamiento de otras personas.

—No me atrevería a expresar todas mis opiniones o revelar todos mis pensamientos —dice uno de mis clientes—. Mi cónyuge se afligiría, se sentiría lastimado, se resentiría y jamás me perdonaría.

Cuán cierto es ello. A veces la comunicación se corta cuando uno de los cónyuges no «se goza de la verdad».

Susana y Eric ilustran bien esta última afirmación. Eric tuvo que habérselas con la verdad respecto al manejo del hogar por parte de Susana, y también con las reacciones que despertaron en ella sus opiniones. Susana tuvo que vérselas con las opiniones de Eric respecto a sus gustos y sus subsiguientes reacciones. Ni Eric ni Susana se gozaron con la verdad. Más bien, la verdad puso al descubierto la decepción, el odio, el resentimiento, la rebelión, el egoísmo, la impaciencia.

Los mejores matrimonios son los que se construyen sobre la piedra angular de gozarse de la verdad. Nos gozamos escuchando lo que piensa nuestro compañero o compañera. Nos brinda un cuadro realista de nuestra relación.

El amor se goza de la verdad.

EL AMOR TODO LO SUFRE

La palabra «sufre» lleva implícito aquí el sentido de una cubierta (o techo) que mantiene fuera el agua y dentro el calor. Es un continente que alberga substancias y evita que se escurran

Al lidiar con las dificultades de la vida, el amor de Dios nos ayuda a retener las congojas, los dolores, las heridas, los sufrimientos y los problemas sin traspasárselos a los demás.

Ese amor hace que podamos esperar la conferencia familiar. No es preciso que lo digamos todo de inmediato, si realmente nos mueve el amor.

El jefe de Alton lo regañó duramente frente al resto de los empleados. Alton lo tomó con un sonrisa, pero alimentó un creciente odio hacia él.

Ese odio se volcaba en su hogar. Arremetía verbalmente contra su esposa como su jefe lo hacía con él en su trabajo. Ocasionalmente le daba un fuerte golpazo a su pequeño hijo, castigo totalmente desproporcionado con la falta cometida. Con el amor de Dios, la sonrisa de Alton hubiera reflejado un espíritu genuinamente amable, en lugar de esconder tras ella su odio. De haber sido así habría disfrutado de su familia.

Compartamos juntos uno de mis pasajes bíblicos favoritos. Ha curado muchísimos matrimonios desavenidos.

> *Pero la sabiduría que es de lo alto es primeramente pura, después pacífica, amable, benigna, llena de misericordia y de buenos frutos, sin incertidumbre ni hipocresía. Y el fruto de justicia se siembra en paz para aquellos que hacen la paz* (Santiago 9:17,18).

No hay nadie libre de problemas, pero el amor de Dios hace de nosotros caballeros y damas. Podemos soportar nuestras propias cargas sin endilgárselas a otros, que no están interesados en ellas o no pueden ayudar aunque quisieran. Libres de envidia y de rivalidad, podemos pensar adecuadamente. En consulta, siempre recurrimos al abogado, al médico, al consejero o al amigo. Ahora, el abordar los problemas puede ser un placer y un gozo.

EL AMOR TODO LO CREE

Con esta actitud, aceptamos lo mejor de las personas tanto tiempo como sea posible.

Bill y Karen se casaron pocos días después de haber terminado la secundaria. Su sueldo como empaquetador en el supermercado era muy reducido, pero se amaban.

—Eso es lo que importa —coincidieron.

Al poco tiempo se hallaron endeudados hasta el cuello. Luego sobre llovido, mojado: a Bill lo expulsaron del negocio por holgazanear.

Los siguientes diez años fueron una interminable sucesión de duras experiencias. Bill ingresó a la universidad y Karen consiguió un empleo. Al promediar la mitad del semestre Bill abandonó sus estudios. Perdió una cantidad de trabajos: camionero, obrero en una fábrica de herramientas, vendedor de aspiradoras eléctricas y vendedor de seguros.

Nacieron dos criaturas. En ambos casos, y con la mayor prontitud que las circunstancias lo permitían, Karen volvió al trabajo. Mientras tanto Bill holgazaneaba en su casa, provocando que sus familiares y amigos lo hicieran a un lado.

Hubo días en que Karen quería irse, pero halló a Jesús y a su amor. Sus convicciones tambaleaban a veces, pero siempre se arrepentía y le pedía a Dios que restaurara su fe en su esposo, que renovara su paciencia. Mientras tanto estimulaba, apremiaba y presionaba a Bill.

Finalmente Bill entró a trabajar como cocinero de fritadas, en el turno nocturno. Eso es lo más que puede esperarse de él, pensaron quienes le conocían. Pero las cosas fueron distintas esta vez. Al igual que una mariposa, Bill salió de su capullo.

En rápida sucesión pasó al turno diurno... luego a cargo de la cocina... después como instructor de cocineros para la cadena de restaurantes... a continuación a cargo de toda la mercadería para la cadena... y finalmente como dueño de su propio restaurante. Hoy en día Bill es un comerciante próspero y respetado.

Para Karen fue un larguísimo camino. Pero el amor de Dios la sostuvo. El amor todo lo cree... aún por diez años.

—Imposible confiar en nadie —se quejó Jerome, basando su afirmación en dos traumatizantes incidentes.

Años atrás su mujer escapó con uno de sus amigos. Una docena de años después otro «amigo» abandonó la ciudad y Jerome tuvo que abonar un pagaré que habían firmado los dos.

Cuando yo le dije que con el amor de Dios podía creer nuevamente en la gente, Jerome explotó y abandonó pisando fuerte mi consultorio para seguir alimentando su inquina. Por supuesto que este hombre fue tremendamente agraviado, pero su furia no molestaba en lo más mínimo a quienes lo agraviaron. Ni siquiera sabía dónde se encontraban. Era él, el arquitecto y artífice de su propio sufrimiento.

No hay duda que hay gente indigna de confianza. Si después que hacemos todo lo posible para establecer la integridad de una persona, esta todavía se descarría, el amor de Dios sostendrá nuestra fe en los demás.

El amor todo lo cree.

EL AMOR TODO LO ESPERA

Harold arriesgó cuanto poseía en una aventura de negocios. Las cosas marchaban a pedir de boca hasta que se produjo una recesión económica. En vez de una perspectiva color de rosa, Harold se encontró endeudado hasta los ojos y sin ninguna entrada.

Tuvo dos opciones. Podía ensimismarse, deplorar su situación y zaherirse a sí mismo. Es lo que hizo por un tiempo.

Nadie se preocupa ni le importa nada de mí, especialmente Dios. Y... eso es lo que he ganado por creer en la libre empresa.

La otra opción era que Harold se volviera rápidamente a Dios y le dejara renovar su espíritu. Eso es lo que hizo en segunda instancia. ¡Qué cambio en su manera de pensar!

Estoy en bancarrota y eso es malo. Pero no estoy enfermo, y eso es bueno. Estoy en bancarrota y desempleado.

Y eso es doblemente malo. Con todo, aún tengo mi familia, y eso es bueno. Tengo educación y cierta capacidad. Eso es doblemente bueno.

Con la esperanza renovada en Dios, Harold encaró la solución de sus problemas. Nada cambió en un santiamén. Los acreedores lo perseguían sin perderle pisada. Dos años después estaba nuevamente en la brecha. Ahora tiene un buen puesto y lentamente devuelve el dinero a su acreedores. Sostenido por la esperanza en Dios tuvo que soportar una experiencia que arruinó a otros hombres.

La salida no fue fácil. Pero sin preocuparle lo que decía la gente, y sin importarle las cosas que él oía, la esperanza de Harold lo estimuló a seguir luchando. Estuvo a punto de anularse a sí mismo. Pero el amor de Dios...

El amor todo lo espera.

EL AMOR TODO LO SOPORTA

Fue Jesús quien dijo:

Estas cosas os he hablado para que en mí tengáis paz. En el mundo tendréis aflicción; pero confiad, yo he vencido al mundo (Juan 16:33).

Nos apocamos ante las crisis financieras, la enfermedad, el maltrato, la incomprensión, el rechazo y la persecución. El problema es nuestra respuesta interior. El egoísmo y las obras de la carne causan sufrimiento.

Sin embargo, la persona que espera cada nuevo día con el gusto y el deleite de vivir, comprende que la vida significa enfrentar un problema tras otro. Parte del gozo de vivir consiste en esperar el próximo problema y el desafío que significa el resolverlo con el amor de Dios anidado en nuestro corazón.

El amor todo lo soporta.

EL AMOR NUNCA DEJA DE SER

¿Cuál es el amor que nunca deja de ser? El amor de Dios. Veamos en qué consiste ese amor. El amor es:

sufrido

benigno

no tiene envidia

no es jactancioso

no busca lo suyo

no se irrita

no guarda rencor,
  es decir no toma en cuenta
  las ofensas recibidas

no se goza en la
  injusticia

se goza de la verdad

todo lo sufre

todo lo cree

todo lo espera

todo lo soporta

nunca deja de ser

PROMESAS QUE YERRAN EL BLANCO

Durante el noviazgo todas las parejas se tranquilizan diciendo: **El amor nos sacará del paso. Casémonos**. Sin embargo, cuando les exijo a las parejas embarulladas que me consultan, que definan el amor, habitualmente contestan:

—Un sentimiento de ternura; una estremecida respuesta a los abrazos y besos; relaciones sexuales; tiernas palabras y promesas; hacer un esfuerzo por agradarse mutuamente.

Por desgracia pronto descubrimos que los desacuerdos intensifican tanto el egoísmo como las obras de la carne como nunca antes lo hicieron. Enfrían el entusiasmo y el éxtasis del contacto físico, engendran duras palabras, mala disposición y abierto conflicto.

¡Un momento!

Mi experiencia en el consultorio me ha enseñado que los principios sustentados en el capítulo cuatro, y en lo que va del capítulo cinco izan una bandera roja en la mente de las personas. Veamos la pregunta que oigo formular una y mil veces:

—¿Quiere usted decir que sin la ayuda de Dios el matrimonio

no resultará satisfactorio? Conozco muchos matrimonios que se llevan perfectamente bien y que no tienen ningún interés en Dios.

Yo formularé otra pregunta: ¿cuánta gente sabe lo que ocurre en realidad entre marido y mujer? Muchas parejas que llegan a mi consultorio, a los ojos de sus amigos se llevan a la mil maravillas.

Más que mirar alrededor nuestro procurando ver lo que ocurre con otras parejas, mejor es guiarnos por lo que sabemos de nuestro propio matrimonio.

Hemos tratado con toda sinceridad de incitar tiernos sentimientos y una atmósfera de buena voluntad. Pero erramos el blanco.

¡CUANDO MÁS NECESITAMOS EL AMOR!

El amor de Dios puede unirnos estrechamente. Repasemos la lista de elementos. Mejor aún el memorizarla. Sentiremos de nuevo la viva emoción de abrazarnos y besarnos y el renovado calor de la amistad.

¿Cuándo es el momento en que más necesitamos el amor de Dios? Por lo habitual cuando no lo queremos, es decir durante el problema, **mientras** dura la discusión, cuando somos ignorados, si la decisión tomada no nos favorece.

Recordemos a Ken y Nancy. La soltería de Nancy se había prolongado tanto que ansiaba la «libertad y compañerismo» del matrimonio. Ilimitada satisfacción sexual. Permanente compañerismo.

¡Imagínense! ¡Nunca estaré sola otra vez! ¡Será perfecto!

Sin embargo, cuando Nancy llegó a Florida, se sintió tan desdichada que tomó el primer avión de vuelta. Nancy tuvo necesidad del amor de Dios cuando Ken la ignoró. Y él no la habría ignorado si hubiera estado lleno de ese amor.

Eric lo necesitaba cuando Susana no vio las telarañas durante siete días. Susana lo necesitaba cuando Eric manifestó sus insólitas e inoportunas ideas.

Como ocurre con muchas parejas, una de sus primeras reacciones es cambiar de pareja o apartarse de su presencia. Alejarse lo más posible de todo ese lío. Todo fue un lamentable error. ¿De acuerdo?

¡No! ¡Todo lo contrario! ¡Censurable!

Los matrimonios que están en dificultades necesitan el amor de Dios. Los problemas no desaparecen, pero Dios les ayuda a responder de distinta manera. El amor de Dios elimina la fricción, permitiéndoles resolver sus diferencias.

Nuestras respuestas negativas resultan de la ausencia del amor de Dios y no de la presencia o actitudes de nuestro cónyuge.

El Señor nos haga crecer y abundar en amor unos para con otros y para con todos, como también lo hacemos nosotros para con vosotros (1 Tesalonicenses 8:12).

UNA NUEVA OPCIÓN

¿Qué debemos hacer cuando no hemos echado mano del amor de Dios? Admitir nuestro error y luego recordar la promesa de Dios en Romanos 5:5:

El amor de Dios ha sido derramado en nuestros corazones por el Espíritu Santo que nos fue dado.

A continuación le pedimos que restablezca ese elemento que nos falta del amor de Dios. Permitimos que Dios nos brinde su amor cuando lo necesitamos. La elección es nuestra.

Hagamos la prueba. Permitámosle a Dios que inunde nuestros corazones con el tipo de amor que nos hace falta (repasemos la lista). Habremos dado un paso adelante en nuestra intención y nuestro esfuerzo de mejorar nuestro matrimonio.

6

EL PROBLEMA MÁS CANDENTE DEL MATRIMONIO: EL LIDERAZGO

UN ASUNTO DELICADO

Tal vez el asunto más delicado y que más se presta a la polémica es el tocante a nuestro próximo tema: el liderazgo.

Para decirlo simplemente: ¿quién es el que manda?

¿Por qué necesitan un líder dos personas casadas que tienen el amor de Dios en sus corazones? Porque cuando hay que tomar una decisión, por intranscendente que sea, y las opiniones difieren, **no hay otra manera de resolverlo**.

Un líder es necesario toda vez que dos o más personas trabajan en conjunto. Tomemos por ejemplo el juego del tenis.

¿UN JUEGO DE SINGLES...?

Jugando singles somos los dueños absolutos de la mitad de la cancha en la que nos toca jugar. Hacemos todo lo que queremos, dentro de las reglas, se entiende, sin consultar ni tomar en consideración a nadie. Podemos adelantarnos hacia la red, jugar atrás, a la derecha, a la izquierda. Hacemos nuestro propio juego. La idea central es la de superar en destreza al rival, valiéndonos de todas las tretas posibles. Ganamos o perdemos.

Y resulta divertidísimo competir.

¿...O DE DOBLES?

Pero supongamos que con nuestro mejor amigo juguemos un partido de dobles. Al saltar sobre la red para ir a nuestro lado de la cancha observamos que es la misma cancha, el mismo equipo, los mismos jugadores.

Pero es un juego diferente. Ahora cooperamos en lugar de competir. Somos compañeros de equipo y no rivales y sólo en forma parcial podemos hacer nuestro propio juego. Chocaríamos a cada rato si permanentemente los dos fuésemos tras la pelota. Si los dos nos quedáramos en el mismo sitio, nuestros contendientes enviarían la pelota fuera de nuestro alcance.

Para jugar bien juntos escogemos un capitán de equipo. De común acuerdo planeamos una estrategia: quien juega a la derecha, quien a la izquierda. Si se plantea un problema el capitán toma la decisión que corresponda. Es divertido cooperar.

Sin cooperación y sin un líder no se puede jugar bien un partido de dobles. **Uno de los dos jugadores de una pareja de dobles debe tener la última palabra cuando las opiniones difieren.**

El noviazgo es como jugar un partido de singles. Somos buenos amigos. Discutimos, comentamos y hasta debatimos sobre muchos temas, tales como dinero, automóviles, política, metas, valores, prolijidad, vestidos, religión, es decir prácticamente de todo. Disfrutamos especialmente cuando terminamos en lados opuestos de un tema dado, sin haber empañado nuestro bienestar.

Ambos expresamos libremente nuestras opiniones. No estamos obligados a llegar a un acuerdo.

«ANTES DEL MATRIMONIO... PODÍAMOS DISCUTIR SOBRE CUALQUIER COSA»

Pero nos casamos. Surgieron los mismos temas de discusión: dinero, automóviles, metas, valores, prolijidad, vestidos, religión. Pero ahora es diferente. En el consultorio he oído a muchísimas parejas decir:

—Antes de casarnos podíamos discutir sobre cualquier tema. Ahora peleamos la mitad del tiempo.

Es así, exactamente, lo que ocurre. Antes de casarnos no íbamos más allá de discutir. Ahora tenemos que decidir. Antes, podíamos poner término a la discusión y seguir nuestro camino, exactamente igual que cuando jugamos en la mitad de la cancha nuestro partido de singles.

Cuando nos casamos ya no solamente discutimos problemas y temas, sino que debemos ponernos de acuerdo y cooperar. Solamente en forma parcial podemos hacer nuestra voluntad.

EN EL TENIS HAY REGLAS YA ESTABLECIDAS

En el punto en que hay que tomar una decisión —cuando las opiniones difieren y no se llega a un acuerdo— uno de los dos tiene la última palabra. ¿Con qué propósito? Para dar por terminado el asunto y solucionar el problema planteado.

Las opiniones difieren. Así ocurrió con Eric y Susana, con Henry y Eva, con Ken y Nancy. Se cumple aun con gente de elevadísimas metas, en y fuera del matrimonio.

Si jugamos un partido de dobles, en tenis, resulta divertido si las decisiones son agradables y pueden ser tomadas con facilidad y rápidamente. Y esto se obtiene si nos guiamos por ciertas pautas y contamos con un capitán.

En el tenis las pautas son la cancha de tenis y las reglas del juego. **Estas ya existen y no pueden sufrir modificaciones.**

Determinamos cómo habremos de cooperar en la cancha y dentro de las reglas.

Necesitamos de un capitán que indique quién debe contestar el tiro del contrario, cuando se plantea la necesidad de esa indicación. **La elección del capitán está librada al criterio y decisión de los dos jugadores.** Si no podemos ponernos de acuerdo, no habremos de disfrutar jugando dobles.

EN EL MATRIMONIO HAY QUE ESTABLECER LAS REGLAS

Lanzarse al matrimonio no es lo mismo que jugar un partido de dobles en tenis. Llegamos al matrimonio portando el bagaje de diferentes trasfondos. La familia del marido se ajusta a distintas reglas o normas que la familia de la esposa.

Y ahora la pareja debe hacer algo que nunca hizo antes: crear sus propios confines, sus propios límites, sus propias reglas y estilo de liderazgo. Es probable que lleguen al matrimonio sin experiencia previa que los capacite para semejante tarea. Tal vez no tengan la más mínima idea de cómo fijar dichos confines y reglas, menos aún vivir de acuerdo a ellos.

Es probable que piensen que una pareja enamorada se llevará automáticamente bien.

Sharon y Juan creían que hablando se entiende la gente y podrían arribar a soluciones satisfactorias en todos los casos. Si bien diferían prácticamente en todo, disfrutaban del hecho de estar enamorados.

Juan era la puntualidad en persona. Cuando él decía las ocho, significaba las ocho-cero-cero. Sharon siempre llegaba tarde. Juan esperaba echando chispas por los ojos.

A continuación... la entrada triunfal.

Paso a paso bajaba Sharon los escalones. Encantadora. Su figura primorosa, sus hermosos ojos, su radiante sonrisa... ¡valía la pena verla!

Cruzaba rápidamente la habitación con sus brazos estirados en una invitación al abrazo. De pronto Juan se olvidaba de su enojo.

Todo su cuerpo experimentaba una agradable sensación al tocar la mano que tomaba la suya. Luego Sharon se acurrucaba junto a él y todo lo que veía Juan era una maravillosa noche por delante, con una deliciosa muchacha.

De vez en cuando, mientras charlaban placenteramente, él solía preguntarle:

—Querida, una vez casados, ¿vas a llegar siempre tarde?

Sharon se acurrucaba más estrechamente a su novio, le dirigía una mirada seductora, y le preguntaba:

—¿Te importará realmente si llego tarde después que nos casemos? ¿No me amarás igual?

—Amor mío —le respondía Juan en un arranque de temeraria confianza— ¡te amaré hagas lo que hagas!

De modo que el joven puntual se casó con la encantadora doncella de sus sueños, ¡prometiéndole amarla hiciera lo que hiciera!

Cuando Juan se despertó la primera mañana después de su luna de miel, saltó de la cama al primer timbrazo del reloj despertador. Pocos minutos después salió del cuarto de baño lavado, afeitado, vestido y listo para tomar el desayuno.

¿Pero dónde estaba su esposa?

Quedó de una pieza. **¡Todavía estaba en cama!**

—¡Vamos! ¡Vamos! —le dijo a su amada—. ¿No te vas a levantar para hacerme el desayuno?

De debajo de la colcha se oyó una voz soñolienta:

—Puedes comprar unos bizcochos en el negocio de la esquina, ¿verdad?

Ella se manejaba con su propio horario, y no tenía ningún apuro. Pero él no cejaba en su empeño y hacía sentir su presión cada vez más. Cuando se alistaban para salir a cualquier parte, él la instaba a que se apurase y le fijaba horas topes hasta que los nervios de la joven señora se ponían tirantes, a punto de estallar. Esta era la misma pareja que pocos meses antes aseguraban que:

—Somos la pareja perfecta. Uno es puntual, el otro impuntual. Será el equilibrio ideal, con probabilidades de que ambos mejoremos aún más.

Parecía razonable. Pero ahora Juan interpretaba su indolencia como una sutil rebelión femenina contra su masculina autoridad. Sharon interpretó la agresividad de su esposo como un regaño innecesario.

Hubo otros desacuerdos, y estos se ajustaban siempre a un mismo patrón. Juan se ofendía y permanecía encolerizado durante varios días antes de sacar a colación el tema. Sharon se le acurrucaba, le pedía que le declarara su amor, y luego hacía exactamente lo mismo que tanto le molestó a él. Juan se contenía durante algunos días, pero luego provocaba otra discusión y con furia le echaba en cara su actitud y le hacía saber lo que pensaba de ella.

Sharon, a su vez, contraatacaba. Después de algunas frases duras la conversación decaía hasta llegar a un incómodo silencio, sin miras de solución.

Cada nuevo intento terminaba en el mismo callejón sin salida, y Sharon y Juan cometieron exactamente el mismo error que han cometido miles de otros matrimonios. **Arribaron a la trágica conclusión de que había entre ellos una incompatibilidad de caracteres**.

—No me comprende —sollozó Sharon.

—No le importo más —fue la arrebatada respuesta de Juan.

Apenas pocos meses antes, se sentía estremecer de sólo pensar en Sharon. Y ella se derretía feliz en sus robustos y fuertes brazos y se ponía de puntillas para besarlo. Ahora ni siquiera podían soportar la idea de tocarse.

Las simples declaraciones de amor y el querer entenderse no fueron suficientes para crear relaciones armoniosas. Tampoco lo logró el éxtasis de las relaciones sexuales. En lugar de ello, el egoísmo y las obras de la carne (resentimiento y enojo) enfriaron el entusiasmo del contacto físico y levantaron un muro entre ellos.

HAY UNA SALIDA

Sharon y Juan volvieron juntamente conmigo a las páginas de la Biblia en busca de la dirección y guía que necesitaban. Estudiaron el mismo material que mis lectores estudiaron en los capítulos cuatro y cinco de este libro. Reconocieron que necesitaban el amor de Dios (paciencia, benignidad, no buscar lo suyo, no encolerizarse) para crear un clima que les permitiera habérselas con esos desacuerdos insuperables, esos callejones sin salida. ¿Qué resultó de todo eso cuando abrieron sus ojos a la realidad? Nuevamente disfrutaron de la hermosa sensación del contacto físico y del calor de la amistad.

Aún tienen que hacer frente a los mismos problemas, con o sin el amor de Dios en sus corazones. Pero la fricción queda eliminada justamente por el amor de Dios que les permite hallar una salida a sus diferencias. El proceso significa años de sacrificio y duro trabajo para los dos.

«LAS TRES GRANDES LLAVES»

Dejamos a Sharon y a Juan, y volvamos nuestras miradas a las páginas de la Biblia, en busca de inspiración para hacer un matrimonio mejor. Acuñaremos una expresión: las tres llaves a la armonía conyugal.

Estas llaves conforman algunos de los principios más vehementemente debatidos en la Biblia. Si nos ajustamos a ellos nos brindan la bases necesarias para definir las pautas y reglas que nos ayudarán a mejorar nuestro matrimonio. Damos por sentado que nuestros lectores son hijos de Dios y que cuentan con el amor de Dios en sus corazones. Sin esto, como punto de partida, somos totalmente pesimistas en cuanto al resultado final.

COOPERACIÓN... LA PRIMERA LLAVE

Someteos unos a otros en el temor de Dios (Efesios 5:21).

En otras palabras, existe la intención de cooperar. Será preciso esforzarnos para descubrir áreas de acuerdo y desacuerdo. Debemos hacernos el firme propósito de tomar seriamente en consideración los intereses del cónyuge al buscar similitudes de intenciones.

SUMISIÓN... LA SEGUNDA LLAVE

Las casadas estén sujetas a sus propios maridos, como al Señor (Efesios 5:22).

Ya lo hemos dicho y repetido que cuando dos o más personas intentan una tarea en colaboración, no importa cuán amigas o dedicadas sean, tarde o temprano comprobarán diferencias de opinión que llevarán, finalmente, a un callejón sin salida. Alguien tiene que resolver esas diferencias. En el matrimonio es el marido. La sumisión es el tema más arduamente debatido en el matrimonio.

ENTREGA... LA TERCERA LLAVE

Porque el marido es cabeza de la mujer, así como Cristo es cabeza de la iglesia, la cual es su cuerpo, y él es su Salvador (Efesios 5:23).

Son palabras cargadas de significado. Si el marido ha de conducirse respecto a su esposa, como Cristo lo hizo respecto a la iglesia, conviene echar una mirada a lo que Cristo hizo por la iglesia. Sabemos que Cristo sirvió a la iglesia y hasta murió por ella.

Estas tres llaves harán que nuestro matrimonio perdure. No hay otro camino. Las analizaremos en detalle en los tres próximos capítulos.

7

COOPERACIÓN:
LA PRIMERA LLAVE
(COMPAÑEROS...
NO ADVERSARIOS)

COOPERACIÓN: LA PRIMERA LLAVE

Someteos unos a otros en el temor de Dios (Efesios 5:21).

No mirando cada uno por lo suyo propio, sino cada cual también por lo de los otros (Filipenses 2:4).

Una de las cosas que más disfruto en la vida es ayudar a las parejas a modificar el sentido de la palabra «sumisión», quitándole su connotación perturbadora y transformándola en un cálido y amigable vocablo.

Es la voluntad y el deseo de cooperar... es lealtad... es afable tolerancia.

Es hermoso oír a una pareja describir su matrimonio cuando entre ellos hay cooperación similitud de intereses y acuerdo.

Sus ojos brillan, en sus voces hay un timbre de satisfacción hasta su piel brilla.

Por el contrario, cuando los cónyuges describen sus desacuerdos, discordias o conflictos, vemos que sus rostros se ponen pálidos o se ponen azules, rojos y hasta púrpura. Oigo violentas diatribas y hostiles silencios.

Echan sus hombros hacia atrás, aprietan las mandíbulas y se entrecierran sus ojos.

LA COOPERACIÓN ES AGRADABLE

Hagamos nuevamente la comparación entre el estado matrimonial y un juego de dobles en tenis.

Parte de la diversión de jugar dobles consiste en la buena voluntad y en la amistad, en la disposición de jugar respetando las reglas, y en la decisión de jugar en equipo.

En dobles combinamos nuestras habilidades. Uno de los jugadores puede ser bueno junto a la red y el otro atrás. Esto determina qué parte de la cancha hemos de ocupar, pero luego vienen semanas y semanas de práctica para desarrollar el estilo de cooperación que más convenga.

Actuamos independientemente y en colaboración. Cuando la pelota está en nuestra área nos toca actuar a nosotros. Nuestros tiros serán buenos o malos, haciendo que el compañero admire o tolere nuestros esfuerzos. Tomamos rápidas decisiones, de acuerdo a los planes previamente trazados. A veces nos veremos obligados a alterar dichos planes.

Resulta interesante y agradable esperar con anticipación un partido de tenis distante todavía varios días. El partido propiamente dicho puede durar una hora, pero la recompensa de jugar juntos bien vale el esfuerzo.

Deja de ser un placer cuando el compañero no se esfuerza al máximo, o discutimos cómo cooperar o no nos ponemos de acuerdo sobre quién es el capitán.

SUMISIÓN... UNA PALABRA AGRADABLE

La sumisión es un placer si se cumplen las siguientes condiciones:
- Buena voluntad y amistad
- Agradable anticipación
- Disposición de jugar según las reglas de juego
- Aceptación de escoger un capitán
- Voluntad de hacer entre ambos una tarea en equipo

Para decirlo en un versículo bíblico: Someteos unos a otros en el temor de Dios (Efesios 5:21).

Pasemos ahora de la cooperación en el tenis a la cooperación en el matrimonio.

UN FIRME FUNDAMENTO

¿Con qué contamos para empezar? Consideremos la siguiente lista:

1. Somos hijos de Dios.
2. Tenemos el amor de Dios en nuestro corazón.
3. Nos hemos comprometido mutuamente.
4. Tenemos la intención de cooperar.

¿RECORDAMOS AQUELLOS VOTOS?

¿Recordamos la ceremonia nupcial? Los votos rezaban más o menos así:

Amados míos, nos hemos reunido en el nombre de Dios... El matrimonio es idea de Dios. ¿Recordamos sus palabras?

Y dijo Jehová Dios: No es bueno que el hombre esté solo; le haré ayuda idónea para él (Génesis 2:18).

Luego fuimos más allá aún, en la declaración de nuestras mutuas intenciones:

¿La amarás, la consolarás, la honrarás y la cuidarás... en

tiempo de enfermedad y de salud; renunciando a todas las otras te conservarás para ella sola, mientras los dos viviereis... ?

Te recibo a ti... para tenerte y conservarte, desde hoy en adelante, sea que mejore o empeore tu suerte, seas más rica o más pobre, en tiempo de enfermedad o de salud, para amarte y consolarte hasta que la muerte nos separe.

También la esposa repitió las mismas palabras, dirigiéndose a él.

Esta ceremonia nos sugiere que:

1. Estamos dispuestos a empezar la vida matrimonial juntos, tales como somos, sin contar con futuras reformas.

2. Hemos de amarnos y respetarnos mutuamente a pesar de nuestros defectos.

3. Hemos de esforzarnos incansablemente por el éxito de nuestro matrimonio.

4. Los desacuerdos son normales e inevitables, pero no al grado de arruinar nuestro matrimonio.

5. Es una relación única en su género. «Renunciando a todos los otros», el matrimonio viene en primer lugar.

> *Por tanto [porque ella resulta adecuada para él], dejará el hombre a su padre y a su madre, se unirá a su mujer, y serán una sola carne* (Génesis 2:24).

6. Nos comprometemos a este matrimonio en forma permanente.

EL PUNTO DE PARTIDA

Tal vez todavía no hayamos formulado semejantes votos, o si lo hicimos no los tomamos con la debida seriedad. Sea como fuere, si queremos mejorar nuestro matrimonio, tal compromiso constituye una necesidad indefectible como punto de partida.

En el capítulo cuatro de este libro analizamos las bases para lograr una buena relación humana. Son similares a nuestros votos matrimoniales:

Completad mi gozo, sintiendo lo mismo, teniendo el mismo amor, unánimes, sintiendo una misma cosa. Nada hagáis por contienda o vanagloria; antes bien con humildad, estimando cada uno a los demás como superiores a él mismo; no mirando cada uno por lo suyo propio, sino cada cual también por lo de los otros (Filipenses 2:2-4).

Estos versículos nos dicen que:

1. Tenemos la firme intención de hacer todo lo posible para entendernos.

2. Consideramos al cónyuge tan importante como nosotros mismos.

3. Queremos cuidar de los intereses del cónyuge tanto como de los nuestros.

¿No nos dice algo maravilloso todo esto? Sin estas bases no habrá éxito posible. Pero hay más:

Haya, pues, en vosotros este sentir que hubo también en Cristo Jesús, el cual, siendo en forma de Dios, no estimó el ser igual a Dios como cosa a que aferrarse, sino que se despojó a sí mismo, tomando forma de siervo, hecho semejante a los hombres; y estando en la condición de hombre, se humilló a sí mismo, haciéndose obediente hasta la muerte, y muerte de cruz (Filipenses 2:5-8).

¿Qué nos dicen estos versículos?

1. Que tenemos la intención de servirnos mutuamente.

2. Ambos contrayentes acatarán las decisiones tomadas de común acuerdo (obediencia).

Eso es lo que significa estar sometidos unos a otros en el temor de Dios. Eso es cooperación.

EDIFICAR SOBRE NUESTRAS PROMESAS, DECIDIR SOBRE LAS PAUTAS

En el matrimonio, al igual que jugando dobles en tenis, cada uno debe tomar muchas decisiones independientemente del otro. De manera, pues que la primera y más difícil de las decisiones que debe enfrentar una pareja recién casada, es la de fijar las responsabilidades individuales y establecer las pautas y normas que ayudarán a tomar decisiones agradables cuando actúan independientemente.

La necesidad de nuevas pautas, o la revisión de las ya establecidas, se hará sentir en el decurso de las próximas semanas o meses. Esto significa participar de muchas reunioncitas, a pedido del uno o del otro, cuando la necesidad lo indique.

¡CUIDADO!

1. Este juego es el juego de la toma de decisiones.

2. A veces se tomarán decisiones inteligentes otras veces decisiones tontas.

3. Para tomar las mejores decisiones posible, ambos contrayentes deberán poner todas la cartas sobre la mesa, es decir tanto las cosa que les gustan como las cosas que les disgustan; sus ambiciones, metas, intereses, capacidades y lo que piensan de la vida en general.

4. Las reuniones deben tener el carácter de reuniones regulares, sean formales o informales.

5. De nada servirán aquí las generalizaciones o estadísticas sobre cómo son los «hombres» o cómo son las «mujeres».

6. Lo importante es que sepamos cómo es mi compañero o compañera matrimonial.

¡ADVERTENCIA!

Algunas personas se resisten a desvestirse y mostrar sus cuerpos desnudos al cónyuge. Pero más difícil aún es desvestirse mental y emocionalmente, por así decirlo, ante el compañero. No queremos ofender o no queremos revelar ideas o pensamientos que algún día pueden ser utilizados contra nosotros. Además, es posible que no reaccionemos correctamente ante las revelaciones del compañero.

No sugerimos de ninguna manera que este proceso será un proceso fácil o que pueda elaborarse en una sola noche. Habrá sorpresas y demoras al tomar decisiones.

Repasemos la lista: gustos, disgustos, ambiciones, metas, intereses, capacidades, pensamientos. Estas cosas se ponen en claro gradualmente, en el transcurso de los meses y aún de los años. Y cambiarán con el tiempo.

Las promesas, los compromisos y los acuerdos tomados hoy podrán no tener ningún sentido en el lapso de un año. La toma de decisiones es un proceso que se prolonga a lo largo de toda nuestra vida.

Por ejemplo, luego de realizar un sincero esfuerzo por agradar al compañero, anunciamos que realmente no nos gusta lo que estamos haciendo.

—Sí, te acompañé a algunos conciertos durante nuestro noviazgo, pero en realidad no me gustan los conciertos.

—¿No te gustan los conciertos?

O... —Bueno, te acompañaba a los partidos de básquetbol cuando éramos novios, pero ocurre que los deportes, en realidad, no me llaman la atención.

—¿Qué? ¿Podrías repetir lo que has dicho?

Uno de los cónyuges puede anunciar súbitamente que él o ella no disfruta yendo a la iglesia, o quiere cambiar de empleo o mudarse a otro sector de la ciudad. Puede ocurrir cualquier cosa en ese sentido.

No echemos en saco roto la advertencia. Este proceso de toma de posiciones puede ser riesgoso y explosivo. Con las cartas sobre la mesa, la información sobre nosotros mismos y las decisiones a tomar, forjamos lo que escogimos por mutuo acuerdo.

¿Qué puede ser más divertido para dos personas que se

aman y que quieren agradarse mutuamente, que planear juntas el futuro?

Y recordemos... todo en la presencia de Dios. Sin el amor de Dios y sin el sincero deseo de tener en cuenta los intereses del consorte, la toma de decisiones se torna intolerable. Con el amor de Dios podemos edificar sobre el fundamento que da el compromiso contraído y proyectar el mejor plan posible para la vida conyugal.

LA AGENDA

Imposible resolverlo todo en una noche. Algunas decisiones demandan más cambios de ideas que lo previsto. Otras deberán esperar un momento más propicio. Pocas son las decisiones que deben necesariamente tomarse hoy.

El amor es paciente.

Dividimos las responsabilidades según nuestras, capacidades, según nuestros intereses, gustos y aversiones. ¿Quién estará a cargo de la obtención de fondos? ¿De las compras? ¿De la contabilidad? ¿De la cocina? ¿Quién decidirá, en última instancia, cuando hay un desacuerdo insuperable o un callejón sin salida?

Uno de los dos puede a veces tomar a su cargo una responsabilidad para la cual es más capaz el otro. En esos casos negociamos un trueque o cambio. Cada miembro de la pareja debe encargarse de algunas responsabilidades que no podrá permutar le guste o no le guste. Además hay decisiones a tomar respecto de la iglesia, de la actividad social, de los suegros.

Nos estamos refiriendo a continuas y permanentes reuniones necesarias debido a los constantes cambios. Por ejemplo... él aceptó la tarea de llevar la contabilidad, pero ella lo puede hacer más rápidamente y con mayor destreza, de modo que ella se encargará en el futuro de esa responsabilidad.

Él originariamente acordó salir de compras con su esposa. Pasado un tiempo acordaron anular esa decisión, tomada de común acuerdo, porque realmente ella no necesitaba que él la acompañara cuando saliera de compras.

Los acuerdos y responsabilidades asignadas no se acuñan en hormigón armado; admiten modificaciones. No se trata de:

—Mira, organicemos este asunto de tal manera que no tengamos que reunirnos más para tratarlo.

Las reuniones continuarán a lo largo de nuestra vida matrimonial. No se trata de:

—Me lo prometiste años atrás, y te exigiré su cumplimiento mientras vivas.

En cualquier empresa comercial los socios fijan sus políticas, sus procedimientos y sus reglas. Ejecutan los cambios necesarios para el logro de los objetivos de la empresa. Observan cómo se cumplen las responsabilidades asignadas y cómo se ejerce la autoridad delegada en los ejecutivos. También se constata si el personal está en el sitio que más convenga. Hasta observan quien puede hacerse cargo de mayores responsabilidades.

El matrimonio entraña idéntico proceso. Y **ambos** tienen que estar activamente comprometidos. Se producen discusiones y cambios de ideas.

Y eso ocurre cuando conducimos el automóvil, cuando estamos sentados a la mesa de la cocina, en la sala, el dormitorio o en el patio; es decir en cualquier parte.

En pocas palabras, es de esperar que tanto el marido como la esposa participen vigorosa y francamente en la búsqueda de decisiones mutuamente satisfactorias.

Eso es sumisión.

CAUSAS DE PERTURBACIÓN

Recordemos que las discusiones se continúan en la atmósfera del amor de Dios (buena idea sería repasar los capítulos cuatro y cinco). Si este espíritu está ausente en uno de los dos, es tiempo de volver a poner las cartas sobre la mesa. Tenemos que poner en orden y desenmarañar nuestros corazones. La actitud que adoptamos es un asunto personal entre cada uno de nosotros y Dios. Podemos volver al tema otro día. Un versículo clave de la Biblia reviste aquí gran importancia:

> *Porque donde hay celos y contención, allí hay perturbación y toda obra perversa* (Santiago 3:16).

VOLVER AL TEMA EN CUESTIÓN...

Debemos volver al tema de cuestión cuando ponemos las cartas sobre la mesa. No debemos dejarlo macerar demasiado tiempo. Una vez llenos con el amor de Dios, podemos analizar los hechos que hemos colocado sobre la mesa y llegar a un acuerdo. Nuestro matrimonio es demasiado importante como para tomar decisiones sin contar con el amor de Dios en nuestro corazón.

El amor aguanta y soporta todas las cosas. Un problema no resuelto o una decisión distinta a la nuestra, no nos separa del amor de Dios.

La mayoría de las veces es el marido el que toma decisiones irracionales, tontas o egoístas.

Al fin y al cabo, no es de esperar que la mujer pretenda un acuerdo si su juicio difiere del de su marido. Él debería beneficiarse con la opinión de ella y ella necesita la de él.

Por lo general no se plantean diferencias entre parejas cuando una decisión tomada es claramente objetable. Más bien, el tema en cuestión es materia de opinión, y la decisión podría ser tomada por uno de los dos.

Ahora el problema es: **¿cuál de los dos?**

LA ESPOSA DEBE EXPRESAR SU PUNTO DE VISTA...

En el matrimonio la esposa tiene la mitad de la participación en el consorcio. Su interés es **igual** al de su marido. Su criterio y experiencia son necesarios para muchas de las decisiones que deben tomarse. Se espera de ella que haga todo lo posible para ejercer su influencia sobre la dirección de la empresa, y participar vigorosamente en la toma de decisiones.

Si discrepa con los puntos de vista de su marido, debería expresarlo. Él debería saber si ella cambió o no de idea. Y ella tiene que saber qué es lo que piensa su marido.

Juntos, una pareja se afana para arribar a una decisión mutuamente satisfactoria.

La cooperación comienza cuando se llega a un acuerdo **al planear una familia** (no el «plan de José»... o el «plan de María»). Luego exige un esfuerzo diario, constante examen de la situación, y frecuentes cambios cuando las circunstancias así lo aconsejan.

LOS ZAPATOS DE DOS TONOS

Sin pautas y sin el amor de Dios en nuestros corazones, somos seguros candidatos al consultorio. Allí fue donde conocí a Lars y Carol. Lars era un individuo impresionante. ¡Y tenía por esposa a la hermosura en persona!

Ella era despampanante. Imposible no admirarla.

En eso pensaba cuando de pronto quedé atónito. ¿Será posible? Pues sí, lo era. Esta hermosa criatura tenía un ojo negro.

Lars se lo había puesto así.

Todo comenzó un día jueves. Lars se despertó de pésimo talante. Tengamos en cuenta que este hombre era universitario y tenía un excelente puesto. La familia vivía en una hermosa casa y asistía a la iglesia todas las semanas. Sin embargo, ese día jueves Lars se despertó de mal humor. ¿Cómo pudo ser eso? Su explicación:

—Yo soy así.

Lars suponía que si uno es como es no hay nada que hacerle, y menos que nada cambiar.

Lars y Carol llevan suficientes años de casados como para

tener cuatro hijos. Lars sabía en esa ocasión que Carol iba ir al centro de la ciudad para comprar zapatos. Al desayuno dio un pequeño discurso:

—Escúchame bien —le dijo, echando fuego por los ojos—. ¡Quiero que compren zapatos sencillos! Yo sé que vas ir al centro a comprar zapatos. No me importa que compres zapatos negros, zapatos marrones, aun zapatos blancos, pero no quiero que vuelvas a casa con zapatos de dos tonos, ¿me entiendes?

Antes de llegar a la mitad de su perorata, Carol había decidido mentalmente lo que habría de hacer. Ya estaba pensando...

¡Puedes darlo por sentado, iré al centro y volveré con cuatro pares de zapatos de dos tonos!

No había sido esa su primera intención, pero el discurso de su marido la puso furiosa y la tornó rebelde.

La lógica que aplicó en este caso es que cualquier mujer a quien se le hablara como Lars le habló a ella, no es responsable por las decisiones que toma.

¿Nos convence semejante razonamiento?

A esta altura del relato es de imaginar que los lectores habrán tomado partido en favor de uno u otro de los cónyuges.

Bueno. Carol compró los zapatos, volvió a su casa, tomó a los chicos y se los puso. Cuando Lars llegó a casa esa noche, los zapatos tenían ya tres horas de uso. Es decir, eran zapatos usados que no podían devolverse.

Ella ganó el segundo round.

El tercer round habría de llegar... tres días después. Y, créanlo o no, Lars (recuerden... un graduado universitario, hermosa y enorme casa, buen puesto y todo lo demás) nuevamente amaneció de pésimo talante.

¡En un domingo a la mañana!

¿Podrán creerlo?

Eso de por sí era malo, pero empezaban a formarse los negros nubarrones de otro drama. Su despampanante esposa sacó cuatro pares de zapatos de dos tonos de sus respectivos armarios y los colocó en el subsuelo, donde todos los domingos era responsabilidad del padre darles lustre.

De modo que Lars bajó al subsuelo... de muy mal humor.

Y las cosas empeoraron.

Imaginémonos la escena. Un padre furioso contemplaba cuatro pares de zapatos de dos tonos, ya usados.

Los miraba echando fuego por los ojos. Empezó a darles lustre. ¿Podemos predecir cómo hará la tarea que le han pedido que haga?

Claro que sí. Puso pasta negra en la parte blanca del primer zapato. Cuando terminó con el primer par de zapatos, se lo entregó al niño que correspondía. El chico subió corriendo las escaleras, y la reacción de Carol al trabajo de Lars, se oyó en el subsuelo:

—¿Es esto lo mejor que puede hacer tu padre?

¡Epa!

Tratemos de imaginar el cuadro ahora. Hace rechinar los dientes y termina el segundo y el tercer par. Ahora tres de los niños tienen zapatos lustrados. Pero Carol observa que uno de ellos no tiene puestos los zapatos.

En el subsuelo un padre furioso está atareado con el cuarto par de zapatos, cuando nuevamente se oye la voz de la mujer:

—¿Todavía no ha terminado tu padre?

¡Lo que faltaba! Saca lustre ahora con un espíritu de venganza. Termina su cuarto par de zapatos y dando taconazos sube los escalones. En el último peldaño está la esposa, mirándolo con aire de suficiencia.

¿Podemos imaginar su actitud? Desafiante. Resuelta. No hay duda que intenta medirse con él. Le suelta con dureza:

—¡Ya era tiempo! —lo dice con un feo destello en sus ojos.

Y en ese instante él se la dio. Justo en el ojo.

¿Hemos hecho eso alguna vez?

Quisiera formularles a mis lectores varones una pregunta. ¿En alguna ocasión se les ocurrió castigar a sus respectivas esposas? Algunas de las señoras que leen estas páginas no saben cuán cerca estuvieron alguna vez de tener un ojo negro.

Lars nunca lo había hecho hasta entonces. Siempre hay una primera vez para todas las cosas, y lo que Lars hizo fue hacer rodar a su esposa por el piso de la cocina.

Al menos tuvo la gentileza de ayudarla a ponerse de pie. Finalmente coincidieron en algo... que ella tenía un ojo negro.

Eran dos personas horrorizadas cuando me relataron el incidente. ¿Qué es lo que andaba mal?

JUGANDO SINGLES:

1. Estaba ausente el amor de Dios.
2. Carecían de pautas.
3. No se habían comprometido a cooperar.

Lars era un hombre hostil y egoísta. Cuando él le reprochaba con furia a Carol ella reaccionaba agresivamente y con rebeldía. Eran adversarios y no compañeros de juego. En todos estos años la toma de decisiones fue siempre una contienda. Cuando él ganaba, ella perdía. Si ella ganaba, perdía él.

Cuando les señalé estos hechos, coincidieron en algo más: ambos estaban enojados conmigo.

En el capítulo cuarto ya vimos que el matrimonio no elimina los pecados sino que, antes bien, los aumenta. ¿Cuáles eran los pecados de Lars y de Carol? La hostilidad, el egoísmo, la rebelión.

Pero la gente se tranquiliza, se les pasa el enojo. Así ocurrió con Lars y Carol. Más tarde recordaron mi corta charla y admitieron que yo tenía razón.

Ellos se arrepintieron, se hicieron hijos de Dios, y permitieron que Dios inundara sus corazones con amor.

CAMBIAR DE SINGLES A DOBLES

De ahí en adelante dos personas tan inteligentes como Lars y Carol pudieron seguir adelante sin ayuda. Tenían la capacidad suficiente para resolver y determinar sus propios objetivos, políticas a seguir, procedimientos y reglas.

SEIS RAZONES...

A lo largo de los años habrá muchas deliberaciones.

Cada uno de los consortes podrá llamar a reunión por cualquiera de las siguientes razones:

1. Para fijar un curso o plan de acción.

2. Para hacer algunos cambios.

3. Para informar sobre un problema.

4. Para informar sobre los progresos obtenidos.

5. Porque uno de los dos no cumple con la responsabilidad que se le asignó.

6. Para expresar el elogio y la admiración por la realización del otro.

En realidad, la mayor parte de las decisiones serán obvias. También habrá planteamientos difíciles sin fáciles respuestas. ¿El resultado? Desacuerdos insuperables, irresueltos.

Pero también hay una forma de encararlos.

8

SUMISIÓN: LA SEGUNDA LLAVE

> *Las casadas estén sujetas a sus propios maridos, como al Señor* (Efesios 5:22).

Ahí lo tienen. El más candente y debatido versículo bíblico respecto al matrimonio.

«¿Por qué tiene que ser solamente la mujer la que se someta?» Esa es la pregunta candente.

Pero no es ella sola la que se somete. Recordemos el versículo anterior:

> *Someteos unos a otros en el temor de Dios* (Efesios 5:21).

y otro más:

> *No mirando cada uno por lo suyo propio, sino cada cual también por lo de los otros* (Filipenses 2:4).

OCURRE ENTRE AMIGOS

¿Cuándo sale a la superficie este candente tema? El problema de la sumisión surge cuando las opiniones difieren respecto a una decisión, aun con todos los hechos a la vista. Ninguno de los cónyuges quiere ceder. Se ponen desagradables. Todo vestigio de buena voluntad y cooperación sale volando por la ventana.

OCURRE EN LOS NEGOCIOS

Ned y Lorne habían sido amigos durante muchísimos años. Ambos eran hábiles fabricantes de herramientas y habían ocupado funciones ejecutivas en las empresas donde trabajaban. A lo largo de los años hablaron de sus respectivos trabajos y sentían el uno por el otro respeto y admiración.

Los dos habían logrado ahorrar fuertes sumas de dinero de los suculentos sueldos que cobraban. Unieron sus ahorros y adquirieron un bien montado taller para fabricar herramientas.

Era el sueño hecho realidad. Ahora bien, estos excelentes, experimentados y caballerosos cristianos podían sumar sus conocimientos. Sería agradable y divertido trabajar como socios con igualdad de derechos.

Contaban con un espléndido edificio nuevo, con una costosa sala de conferencias. A esta sala iban para exponer sus ideas.

Pronto comprendieron que estaban enfrentados a serios problemas. Sus opiniones diferían respecto al manejo de los empleados. No lograban ponerse de acuerdo en la división de responsabilidades, y ninguno de los dos conocía lo suficiente sobre contabilidad.

Su elegante sala de conferencias no podía resolver sus problemas. Aun la amistad, el conocimiento, la experiencia y la dedicación eran insuficientes para zanjar sus diferencias.

Casi todos sus problemas derivaban del hecho de que los dos habían hecho siempre las cosas de un modo diferente, y con todo éxito, a lo largo de los años. Ned estaba acostumbrado a dar órdenes y a que dichas órdenes se cumplieran. Él fue siempre el jefe. Lo mismo ocurría con Lorne.

Ahora eran socios, con brillantes pero distintas ideas. No era un problema de bien o mal.

Pudieron discutir sus diferencias. Claramente definían y comprendían los puntos de vista sustentados por el otro. El desacuerdo insuperable se planteaba en la toma de decisiones.

La honestidad, la comprensión, el respeto, el conocimiento y la experiencia no resolvían esos insuperables desacuerdos. La teoría de que dos socios amigos podían hacer cada uno su parte, no se cumplía en este caso. Se sentían frustrados y disgustados. Hasta tuvieron encontronazos verbales, hubo gritos desaforados y abandono de su hermosa sala de sesiones... y de ahí a la sala de consulta: mi consultorio.

EL PROBLEMA BÁSICO

Acordamos con ellos que había dos problemas básicos:
1. Cada uno se encerraba en su propia manera de ser (egoísmo); y
2. Ambos necesitaban del amor de Dios.

¿Frase repetida y familiar? ¿Qué podían hacer entonces? Arrepentirse, pedirle a Dios que los perdonara e inundara sus corazones con amor. Necesitaban un amor que es sufrido... que no busca lo suyo... que no se irrita... que se goza de la verdad.

EL PROBLEMA ESPECÍFICO

Eso es lo que hicieron Ned y Lorne, pero aun tenían que resolver sus diferencias. Acudieron a un consultor neutral que en respuesta a su problema dejó caer una verdadera bomba: **Tenían que elegir un presidente que resolviera cuando se plantearan desacuerdos.**

—Pero... pero... somos socios con iguales derechos.
—Es cierto. Pero no hay ninguna otra manera de resolver

sus desavenencias. También tienen que contratar a alguien que se ocupe de la contabilidad.

Amarga píldora para tragar, pero la alternativa era seguir el consejo o perder el negocio.

Luego de varias agonizantes semanas eligieron presidente a Lorne. Durante los próximos siguientes meses dividieron sus responsabilidades, fijaron las políticas y procedimientos que más se ajustaban a sus particulares temperamentos.

Echemos un vistazo a algunas de esas conversaciones en la sala de sesiones. Los dos socios preferían el manejo del taller a la publicidad, a las compras y a la supervisión de los empleados administrativos. Pero era menester hacer todo el trabajo. Sin entrar en mayores detalles, he aquí como distribuyeron entre ambos las responsabilidades

1. Ned manejaba el taller, las relaciones personales y el mantenimiento.

2. Lorne se ocupaba de las ventas, de la publicidad, la oficina y el departamento de ingeniería.

3. Se dividieron las compras. Ned hacía las compras para el taller y Lorne el resto.

ALGO PARA RECORDAR

Como presidente Lorne no tomaba todas las decisiones. Ned manejaba hábilmente su propia área, ajustándose a las pautas establecidas. Lorne, con toda capacidad, manejaba la suya.

Seguían siendo socios en un pie de igualdad, ambos vitalmente interesados en todas las áreas del negocio. Se consultaban mutuamente, reveían cualquier decisión tomada con anterioridad, si lo creían necesario, y también en un pie de igualdad participaban en la toma de decisiones.

Por lo general Ned era el que tenía la última palabra en el taller, con la contribución del conocimiento de Lorne. En su área específica Lorne era el que tomaba las decisiones, siendo Ned la persona a quien recurrir en caso necesario.

Pero lo cierto es que Lorne tenía la última palabra en cualquier decisión final. Raramente se imponía a Ned, pero ocurría ocasionalmente. Una vez se enfrentaron en un desacuerdo insuperable sobre la conveniencia de comprar una determinada máquina nueva o usada. Mal que le pesaba a Lorne imponerse a su entendido amigo, se vio forzado a hacerlo. No podían seguir discutiendo eternamente sobre el problema de una máquina

La empresa creció y prosperó. Ned y Lorne disfrutaron trabajando juntos. Aprendieron a conocerse mejor entre ellos y adquirieron gran confianza en sus respectivas habilidades para tomar decisiones, proceso que demandó largos meses.

Cuando Ned y Lorne recordaban sus penosos comienzos, admitieron que eran vagamente conscientes de que el problema de la última palabra era un problema que tendría que ser resuelto en forma definitiva. Habían tratado de no pensar en ello, en la esperanza de que se solucionara solo. Ambos querían ser el presidente, pero su orgullo les impedía hacer la elección.

DIRIGIENDO NUESTRO MATRIMONIO

Pasemos de Ned y Lorne a nuestro matrimonio. En el capítulo siete tratamos exhaustivamente el proceso de la toma de decisiones en el matrimonio. Somos socios en un pie de igualdad. Debemos dividir las responsabilidades. Necesitamos políticas, procedimientos y reglas para actuar cooperativamente tanto como independientemente.

No disimulemos ni tratemos de tapar el tema más candente en el matrimonio. **Habrá desacuerdos insuperables.** Todos los hechos pueden estar a la vista, y a pesar de ello subsisten las diferencias de opinión. Alguien tiene que tener la última palabra para poder resolver ese desacuerdo insuperable, escapar de ese callejón sin salida. Según la Biblia, en el matrimonio ese alguien es el marido.

Las casadas estén sujetas a sus propios maridos, como al Señor (Efesios 5:22).

Los maridos no toman todas las decisiones. Recordemos que somos socios en un pie de igualdad. Ambos estamos vitalmente interesados en todas las áreas del matrimonio. Al igual que en una empresa, los dos cónyuges se consultan mutuamente, participan en la toma de decisiones y en la revisión de las mismas, una vez tomadas, cuando es necesario.

Habitualmente la esposa tiene la última palabra en todo lo que hace a las áreas de su responsabilidad. Ella es la que toma las decisiones y su marido es su colaborador y quien le presta su apoyo. En las áreas que corresponden al marido, él es quien toma las decisiones y ella aporta su conocimiento. En casi todas las cosas actúan independientemente, en sus respectivas áreas, según pautas delineadas de mutuo acuerdo.

Sin embargo, y como cabeza del hogar, es el marido el que tiene la última palabra en cualquier decisión que deba tomarse. Rara vez predomina sobre su esposa cuando los dos han acordado las condiciones según las cuales actuarán en cooperación. ¿Recordamos cuáles son esas condiciones?

1. Buena voluntad y amistad.
2. Agradable anticipación.
3. Disposición de actuar según las reglas establecidas.
4. Disposición de elegir un líder.
5. Disposición de actuar en equipo.

Disfrutaremos del trabajo en equipo a medida que nos conozcamos mejor y ganemos confianza en la capacidad del cónyuge para tomar decisiones. Pero el afianzar la fe y la confianza demanda muchos meses. El forjar un nuevo estilo de vida a partir de nuestros diferentes trasfondos culturales exige tiempo y paciencia.

Para ilustrar de qué manera el marido y la mujer practican la sumisión entre ellos y hacia la cabeza, me permitiré exponer tres decisiones que tomamos en nuestro hogar.

¿CUÁNTO PAGAR POR UN APARATO ESTEREOFÓNICO?

En cierta ocasión mi esposa y yo decidimos comprar un aparato estereofónico. Sería un agradable aporte a nuestro hogar. Salimos juntos a comprarlo, felices y contentos, suponiendo que sería una fácil elección.

Vimos uno de 70 dólares y otro de 700 dólares. Uno de nosotros se inclinaba por comprar el modelo económico y el otro el modelo más costoso.

Se hizo tan difícil la decisión, que acordamos no hablar más del asunto hasta la noche siguiente. Sería muy simple. Cada uno expresaría su opinión y aceptaríamos el mejor punto de vista.

Así hicimos.

Las damas primero, le tocó primero a mi esposa. Yo no podía dar crédito a mis oídos cuando escuché sus argumentos. Confusos. Carentes de toda lógica. Insubstanciales. ¿Cómo podía hacer una presentación tan débil en apoyo de su punto de vista? Cuando llegó mi turno, yo estaba más que confiado.

Quedará impresionada con mis argumentos.

Puse sobre el tapete dichos argumentos. Lo hice en forma sistemática. Tomé en cuenta todos los aspectos relacionados al asunto. Mi lógica sería contundente.

Pero ocurrió algo rarísimo.

Ella no lo creyó así. Mis argumentos no la convencieron al grado de hacerla cambiar su opinión. ¡Nos hallábamos ante un desacuerdo insuperable, en un callejón sin salida!

Estábamos enfrentados a una de esas situaciones matrimoniales en las cuales todo lo que podía decirse estaba dicho. Todos los hechos y los elementos estaban sobre el tapete, y a pesar de ello Eva y yo nos hallábamos en bandos opuestos.

Nos ocurre y nos ocurrirá a todos. No importa cuán unidos y amigos seamos uno con el otro, habrá estos desacuerdos insuperables en nuestros matrimonios. Son temas de controversia, pero que tienen que ser resueltos...

LA ÚLTIMA PALABRA...

Y ahora digamos de qué manera se resuelve un desacuerdo insuperable en un matrimonio. Hay una sola manera. El marido tiene la última palabra. Cuenta con dos opciones:

1. Tomar él la decisión.
2. Pedirle a su mujer que la tome.

Yo puse punto final al desacuerdo insuperable con respecto al aparato estereofónico, decidiendo cuál modelo comprar.

Son instantes graves y serios cuando Eva y yo nos enfrentamos a un callejón sin salida. Ella está tan comprometida como yo a nuestro matrimonio. Tanto ella como yo queremos lo mejor para nuestro matrimonio. No es sabio ser egoísta o ignorar su criterio.

Me llevó varios días pesar todos los pro y los contra, pero la responsabilidad de tomar la decisión final era mía. Poco tiempo después la toma de aquella decisión era algo que pertenecía al pasado, y desde entonces hemos disfrutado de años de placer escuchando música.

Antes de acalorarnos demasiado sobre quién tiene la última palabra, echemos un vistazo a otra decisión.

Estábamos a punto de mudarnos a otra casa y teníamos que decidir sobre el arreglo y decoración de la cocina. Los dos acordamos que yo no sabía nada de cocinas. Eva tuvo que ver con cocinas por más de treinticinco años y, además, sería ella quien la usara.

¿Quién creen mis lectores que llevó la voz cantante en la decisión sobre la cocina? La respuesta es obvia: Eva. Así fue. No hubo desacuerdos insuperables ni nada por el estilo. Yo tomé la obvia decisión de que sería ella quien tendría la última palabra.

Discutimos largo y tendido sobre infinidad de detalles, pero en este caso la toma de decisiones le correspondía a ella, y ella tendría la última palabra. Esto es lo que se entiende por delegación de autoridad.

Al fin y al cabo ella era la experta y son los expertos quienes deben tomar las decisiones.

¿OCASIÓN DE TRANSIGIR?

Algo se planteó en nuestra vida familiar que exigió numerosas reuniones y conferencias entre todos nosotros. También los niños hicieron conocer su opinión.

El problema tenía que ver con la conveniencia de comprar un sofá nuevo. El que teníamos estaba en la miseria. Totalmente arruinado.

Si bien disponíamos de poquísimo dinero, teníamos el suficiente para comprar un nuevo sofá. Eva y yo habíamos dispuesto comprar uno que nos gustaba, cuando surgió una complicación.

Se iniciaban las vacaciones escolares y los niños, cuyas edades oscilaban entre diez y catorce años de edad, querían acompañarme durante un mes a la ciudad de Boston donde tenía que hablar en diversas reuniones.

Pero había un problemita. No teníamos el dinero suficiente para viajar toda la familia a Boston y también para comprar el sofá. O una cosa u otra. ¿Cuál sería?

Masticamos al problema durante varias semanas. Yo lo conversé con Eva. Eva lo debatió con los niños. Yo también lo discutí con los niños. Tratábamos el asunto durante las comidas. El problema quedó planteado en los mismos términos que al principio, es decir, que teníamos que escoger entre dos alternativas. El sofá o el viaje. Era difícil tomar una decisión. Yo me hallaba en los dos lados de la ecuación. Lo mismo le ocurría a Eva y también a los niños.

Seguimos poniendo las cartas sobre la mesa.

Llegó un momento en que faltaban pocos días para iniciar mi viaje.

Uno de los puntos de vista salía siempre a relucir en todas nuestras conversaciones:

—Papá, en cierta forma me gusta ese sofá... aunque esté muy deteriorado —decía invariablemente uno de nuestros hijos.

Y así era en efecto. Aún el grupo de adolescentes de la iglesia disfrutaba del viejo sofá. Entraban y se arrojaban cuán largos eran sobre el sufrido mueble, sin preocuparse en lo más mínimo si lo arruinarían más de lo que ya estaba.

—Bueno, supongo que nos hemos arreglado bien hasta este momento con el sofá. No nos hará mal aguantarlo un año más.

Con ese comentario tomé la decisión de llevar a mi familia a Boston, acompañándome en mi viaje.

Regresamos, al cabo de un mes, contentos con el viaje pero todavía enfrentados al viejo y decrépito sofá. Durante todo el año que siguió a nuestro viaje, nos preguntamos en más de una ocasión si la decisión que tomamos estuvo bien o mal.

El sofá estaba en tan malas condiciones que cuando al año siguiente lo cambiamos, la institución de caridad a quien se lo ofrecimos, rechazó la oferta.

Tuvimos que llevarlo nosotros mismo al basurero.

Algunas decisiones aparentemente fáciles de tomar resultan a veces muy complicadas. No hay soluciones bien definidas. Pero cuando se toman las decisiones, la suerte está echada, y hay que continuar de ahí en adelante.

¡AMBOS DEBEN RESPALDAR LAS DECISIONES TOMADAS!

Cualquiera que sea la forma en que el marido resuelva el desacuerdo insuperable (por su decisión directa... o por delegación) en ese momento los dos se someten a la decisión y hacen todo lo humanamente posible para que sea un éxito.

Resumamos.

La segunda llave es la sumisión.

Las casadas estén sujetas a sus propios maridos, como al Señor (Efesios 5:22).

Es deber del es esposo establecer y hacer cumplir los objetivos, las políticas, los procedimientos y las reglas. Obvio decirlo, por supuesto, que debe confiar en su esposa para que ella tome las decisiones necesarias en los ámbitos de su especialidad. En los casos de desacuerdos insuperables, él decide quién debe resolverlos.

El llegar a un acuerdo no significa, necesariamente, una garantía absoluta de que las decisiones se cumplirán. Ese será el tema de nuestro próximo capítulo.

9

ENTREGA:
LA TERCERA LLAVE
(EL MARIDO COMO SIERVO)

ENTREGA: LA TERCERA LLAVE

De modo que el marido tiene la última palabra. El puede poner punto final a esos desacuerdos insuperables. Y tiene la obligación de hacerlo. Es un mandamiento bíblico, si bien debemos entender que ser la cabeza es mucho más que ser el «jefe» o «patrón».

Porque el marido es cabeza de la mujer, así como Cristo es cabeza de la iglesia, la cual es su cuerpo, y él es su Salvador (Efesios 5:23).

¿Qué tuvo que hacer Cristo? ¿Cuál fue su misión con respecto a la iglesia? Él la describió de la siguiente manera:

Porque yo no he hablado por mi propia cuenta; el Padre que me envió, él me dio mandamiento de lo que he de decir, y de lo que he de hablar. Y sé que su mandamiento es vida eterna. Así pues, lo que yo hablo, lo hablo como el Padre me lo ha dicho (Juan 12:49,50).

Jesús estaba obligado por las palabras de su Padre. Lo que el Padre ordenó en su mandamiento nos lleva a la vida eterna. Imposible superar semejantes instrucciones.

Encabezar un matrimonio significa elaborar mandamientos (objetivos, políticas, reglas) que llevan a la perduración de la vida matrimonial. ¿Demasiado idealistas? De ninguna manera.

Un hombre y una mujer escudriñan encarecidamente la Biblia en busca de pautas y con diligencia elaboran planes que les permitan garantizar que el matrimonio durará «hasta que la muerte los separe». El marido indica el camino para hacerlo y para lograr un matrimonio mejor.

LO QUE HIZO JESÚS COMO CABEZA

Jesús contaba con mandamientos de Dios que nos guiarían a la vida eterna. Los evangelios nos muestran cómo hizo para que estos mandamientos llegaran a oídos del pueblo. Jesús...

- Enseñó
- Sufrió agresiones
- Soportó desafíos a su autoridad
- Advirtió
- Sufrió cargas y enfermedades
- Predominó
- Disertó
- Regañó
- Resistió injusticias
- Esperó lealtades
- Discutió
- Se movió agresivamente
- Razonó
- Meditó

CÓMO RESPONDIÓ LA GENTE...

La gente respondió... siguiéndole, obedeciéndole, adorándole, asombrándose, enojándose, discutiendo, resistiendo, traicionando y abandonándolo. Se dijo de Jesús:

A lo suyo vino, y los suyos no le recibieron (Juan 1:11).

Mas Dios muestra su amor para con nosotros, en que siendo aún pecadores, Cristo murió por nosotros (Romanos 5:8).

¡Notable que la gente rechaza al hombre que les promete la vida eterna! No obstante ello Jesús dedicó su vida a la iglesia, aún cuando muchos se negaron a seguirle.

Nuestra experiencia nos dice que somos capaces de resistir cualquier regla, por beneficiosa que sea, que se interponga en nuestro camino. El impulso de «apartarnos por nuestros propios caminos» no se corrige por un juego de reglas. Ni aun cuando alguien muriera por defenderlas, como lo hizo Jesús.

EL PRECIO DE LA JEFATURA:

Si la responsabilidad del marido hacia su esposa es igual a la de Cristo hacia la iglesia, el marido debe:

1. Tomar la iniciativa en determinar los «mandamientos» que aseguren la perduración del matrimonio.

2. Esforzarse en cumplirlos hasta la muerte, pase lo que pase.

EL MATRIMONIO...
UNA LUCHA DE CUARENTA AÑOS

Veamos lo que dijo Jesús sobre el liderazgo:

El que de vosotros quiera ser el primero, será siervo de todos (Marcos 10:44).

¿Qué es, pues, lo que ha de esperarse del marido? Tendrá que ser un verdadero esclavo durante toda su vida, en su esfuerzo por hacer triunfar su matrimonio.

Muchísimos hombres tiemblan ante la sola idea de llegar a su casa. No pueden contar con que su mujer cumpla las normas establecidas. Podemos decir que ella «peca» contra el matrimonio. No obstante ello, el esposo no abandona el hogar hasta su muerte.

También es cierto que hay hombres que «pecan» contra el matrimonio. Muchas veces los líderes hacen un pésimo trabajo. En ese caso es la mujer la que se perjudica durante toda su vida.

No echamos por la borda una empresa porque hayamos tomado algunas decisiones equivocadas. Puede demandarnos años de sangre, sudor y lágrimas corregir errores.

El matrimonio es una lucha que se prolonga cuarenta años. Puede haber malos años. Hasta es posible que repitamos una y mil veces pésimas decisiones. Pero no abandonamos la partida.

¿Cómo es posible eso?

Solamente si Dios inunda de amor nuestro corazón. El matrimonio es más que una ceremonia. Es un duro trajinar, es sacrificio, es un esfuerzo por rendirnos al amor de Dios. Y el hecho de rendirnos al amor de Dios no significa que nuestro compañero o compañera también lo hará. El rendirse a Dios es una elección personal de cada uno de los cónyuges.

CUANDO TOMAMOS UNA MALA DECISIÓN

Pocos son los matrimonios que no cometen errores en algún momento. Recordamos una pareja que compró una casa a un precio muy por encima de sus posibilidades. El marido cedió a la presión de su esposa por comprarla, luego de resistirse a hacerlo durante varios años. Pronto ambos acordaron que fue un error. Los precios bajaron y no ganaron, al venderla, lo que habían calculado.

Fue una mala decisión. Ambos cónyuges trabajan ahora hombro a hombro para salir del atolladero económico en el que se metieron. Es probable que pasen muchos años para nivelar nuevamente su presupuesto. Y es inútil echarle en cara a ella por lo ocurrido. El marido tomó la decisión final. Ambos estuvieron equivocados.

Otra pareja compró una casa demasiado costosa para sus posibilidades financieras. En este caso el marido la adquirió a pesar de las protestas de su esposa. El hombre le dijo que él era la cabeza del hogar y que estaba fuera de lugar que ella metiera sus narices en sus negocios. La esposa no tuvo otra cosa que hacer sino aceptar.

La decisión tomada fue una mala decisión. No se materializaron sus esperanzas de ganar una gran suma de dinero. Ahora soportan una pesada carga que ella, en primer lugar, no quiso. Ella estuvo en lo cierto. Él estuvo equivocado. Pero trabajan hombro a hombro para salir del pantano.

Conocemos a otra pareja, muy jóvenes, casados hace tres años. Ella nunca aprendió a cocinar y no tenía la menor idea de cómo encarar los quehaceres domésticos. Hasta el día de hoy la casa es el colmo del desorden. A las horas de comer cada uno come afuera o pesca lo que puede del refrigerador. Ninguno de los dos sabe cómo mejorar la situación. Viven como dos desaliñados compañeros de pieza. Las tensiones crecen permanentemente entre ellos.

Bajo estas condiciones, él todavía sigue siendo la cabeza del hogar. Necesita que se le enseñe paso a paso, como el hombre-niño que es. La esposa en nada coopera. El matrimonio está muriendo, como tal, pero no tiene que ocurrir necesariamente así. El joven quiere a toda costa aprender todo lo concerniente a la vida cristiana y al liderato, y así lo está haciendo.

Con paciencia, con aguante y con esfuerzo es posible que logre salvar ese matrimonio. Se juega la vida en esto. ¿Ha logrado persuadir a su esposa que cambie porque él está tratando de ser un líder mejor? Todavía no.

EL PLAN MAESTRO DE DIOS

Los maridos cuentan con ciertas «órdenes» en cuanto a cuál debe ser su actitud hacia su esposa:

Porque el marido es cabeza de la mujer, así como Cristo es cabeza de la iglesia, la cual es su cuerpo, y él es su Salvador. Así que, como la iglesia está sujeta a Cristo, así también las casadas lo estén a sus maridos en todo. Maridos, amad a vuestras mujeres, así como Cristo amó a la iglesia, y se entregó a sí mismo por ella, para santificarla, habiéndola purificado en el lavamiento del agua por la palabra, a fin de presentársela a sí mismo, una iglesia gloriosa, que no tuviese mancha ni arruga ni cosa semejante, sino que fuese santa y sin mancha. Así también los maridos deben amar a sus mujeres como a sus mismos cuerpos. El que ama a su mujer, a sí mismo se ama. Porque nadie aborreció jamás a su propia carne, sino que la sustenta y la cuida, como también Cristo a la iglesia, porque somos miembros de su cuerpo, de su carne y de sus huesos. Por esto dejará el hombre a su padre y a su madre, y se unirá a su mujer, y los dos serán una sola carne. Grande es este misterio; mas yo digo esto respecto de Cristo y de la iglesia. Por lo demás, cada uno de vosotros ame también a su mujer como a sí mismo; y la mujer respete a su marido (Efesios 5:23-33).

Examinemos algunos hechos que se destacan en estos versículos.

UN AMOR QUE NUNCA CEJARÁ

Maridos, amad a vuestras mujeres, así como Cristo amó a la iglesia, y se entregó a sí mismo por ella (Efesios 5:25).

Nuestras esposas no pueden impedir que las amemos, si extraemos nuestro amor de Dios mismo.

Esa clase de amor la hemos analizado en el capítulo cinco de este libro, y está basado en 1 Corintios 13:4-8. El amor:

- es sufrido
- no se envanece
- es benigno
- no es indecoroso
- no tiene envidia
- no busca lo suyo
- no es jactancioso
- no se irrita
- no guarda rencor, es decir no toma en cuenta las ofensas recibidas
- se goza de la verdad
- todo lo sufre
- todo lo cree
- todo lo espera
- no se goza de la injusticia
- todo lo soporta nunca deja de ser

El amor hacia nuestra esposa nada tiene que ver con las preferencias de ella. Nuestro amor entraña rendirnos a Dios.

... el amor de Dios ha sido derramado en nuestros corazones por el Espíritu Santo que nos fue dado (Romanos 5:5).

UNA META QUE NO CEJARÁ

A fin de presentársela a sí mismo, una iglesia gloriosa, que no tuviese mancha ni arruga ni cosa semejante, sino que fuese santa y sin mancha (Efesios 5:27).

Este versículo supone que tratamos en todo momento de ayudar a nuestra esposa para que sea una persona mejor. Si ella rechaza nuestros intentos, abandonamos los esfuerzos por un tiempo, aun durante años. He aquí más consejos para los esposos:

Vosotros, maridos, igualmente, vivid con ellas sabiamente, dando honor a la mujer como a un vaso más frágil, y como a coherederas de la gracia de la vida, para que vuestras oraciones no tengan estorbo. Finalmente sed todos de un mismo sentir, compasivos, amándoos fraternalmente, misericordiosos, amigables; no devolviendo mal por mal, ni maldición por maldición, sino por el contrario, bendiciendo, sabiendo que fuisteis llamados para que heredaseis bendición. Porque: El que quiere amar la vida y ver días buenos, refrene su lengua de mal, y sus labios no hablen engaño (1 Pedro 3:7-10).

Sí, es preciso que el esposo llegue a conocer a fondo a su mujer, que la honre y la trate como si fuera un vaso único, precioso y delicado. **Aun cuando ella lo mande de paseo.**
Jesús da algunos consejos y agrega una promesa:

Y como queréis que hagan los hombres con vosotros, así también haced vosotros con ellos. Porque si amáis a los que os aman, ¿qué mérito tenéis? Porque también los pecadores aman a los que los aman. Y si hacéis bien a los que os hacen bien, ¿qué mérito tenéis? Porque también los pecadores hacen lo mismo. Y si prestáis a aquellos de quienes esperáis recibir, ¿qué mérito tenéis? Porque también los pecadores prestan a los pecadores, para recibir otro tanto. Amad, pues, a vuestros enemigos, y haced bien, y prestad, no esperando de ello nada; y será vuestro galardón grande, y seréis hijos del Altísimo; porque él es benigno para con los ingratos y malos. Sed, pues, misericordiosos, como también vuestro Padre es misericordioso. No juzguéis, y no seréis juzgados; no condenéis, y no seréis condenados; perdonad, y seréis perdonados. Dad y se os dará; medida buena, apretada, remecida y rebosando darán en vuestro regazo; porque con la misma medida con que medís, os volverán a medir (Lucas 6:31-38).

Rara vez se deshace una familia si el esposo verdaderamente ama a su mujer y hace todo lo posible para ayudarla a ser la mejor de las personas.

Lo habitual es que ocurra al revés. El marido es un individuo amargo, hostil, y ha renunciado a tratar de mejorar las cosas. Está preocupado consigo mismo y lleno de autoconmiseración. Piensa más bien en desquitarse que en mejorar su matrimonio. Y estas son las actitudes que llevan a la ruina a tantos matrimonios.

¿Hasta cuándo debemos soportar?

Hasta que la muerte nos separe.

Eso es lo que dijo Jesús.

AMARLA COMO A UNO MISMO

Así también los maridos deben amar a sus mujeres como a sus mismos cuerpos. El que ama a su mujer, a sí mismo se ama (Efesios 5:28).

Cierta vez tuve una experiencia que sirvió para demostrarme cuánto amaba a mi propio cuerpo. Dejé caer algo sobre el dedo pequeño del pie, dedo que, hasta aquel entonces, nunca tuve mayormente en cuenta.

De pronto ese pequeño dedo fue el centro de atracción. Lo lavé, lo envolví, lo atendí y hasta modifiqué mi manera de caminar en obsequio de ese dedito.

Cuando gozamos de buena salud, somos poco conscientes de las diferentes partes del cuerpo. Pero si una sola parte se lastima, llama inmediatamente la atención.

Lo mismo ocurre con el matrimonio. En ausencia de conflictos, somos poco conscientes de actitudes o reglas. Cuando se plantea un conflicto, se llama nuestra atención.

Cuando nuestra esposa se muestra ofensiva, cuando hay tirantez o tensión, es un signo para que actuemos de inmediato. Debemos tomar la iniciativa. No es asunto fácil si nuestros esfuerzos son resistidos.

La esposa es acreedora a este tipo de dedicación. Puede plantearnos problemas, puede expresar su punto de vista, puede hacer recomendaciones y pretender que las mismas sean tomadas en cuenta con toda seriedad. Posee la mitad de las acciones de la empresa. Hemos dejado padre y madre y formado una unidad. Nuestra meta es comprometernos mutuamente de tal manera que ambos respondamos como una persona y no como dos.

LA PRIORIDAD NÚMERO UNO DEL MARIDO

Si entendemos la Biblia, la prioridad número uno del marido es su esposa. No es su trabajo. No son sus recreaciones. No son sus hijos.

Sino... su esposa. Si el marido entiende esto, procura aplicar todos sus talentos y capacidades en beneficio de ambos.

El marido es el responsable de la armonía conyugal. Debate con su esposa tantas veces como sea necesario para tener la certeza de que los deberes y obligaciones de los cónyuges se cumplan. Esto demanda y exige sus mejores esfuerzos, todos los días del año «hasta que la muerte los separe».

¡Extraordinaria asignación! La tasa de divorcios disminuiría notoriamente si los hombres cumpliésemos a pie juntillas lo que se espera de nosotros.

LAS COSAS PARECEN MEJOR AHORA ¿VERDAD?

¿Qué me dicen, señoras? Este es el plan de Dios para dirigir un matrimonio. ¿Suena un poco mejor ahora?

La sumisión es por partida doble.

En primer lugar, el marido y la mujer acuerdan un plan que ambos se comprometen a cumplir.

En segundo lugar, la mujer se somete al criterio de su esposo cuando hay un desacuerdo insuperable.

En tercer lugar, el marido se somete a la responsabilidad de hacer que el plan se cumpla.

Eso es liderazgo.

Hasta que la muerte nos separe.

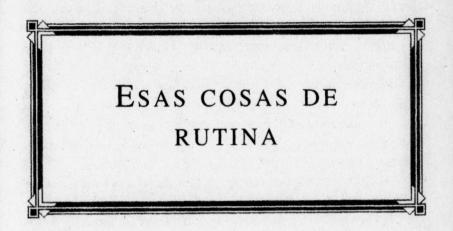

10

ESAS COSAS DE RUTINA

TODOS TIENEN QUE RESOLVERLAS

Todo el mundo está sujeto a rutinas, costumbres inveteradas y regulares, repetidas una y mil veces, día tras día, año tras año. Una pareja recién casada tiene que ajustarse a ciertas rutinas para vivir la vida en común.

¿Recuerdan a Ken y Nancy? Chocaron por la forma de conducir, por la velocidad, por los hábitos a la mesa, por la prolijidad... y todo ello en el primer día de casados. Sus problemas no se resolverían solos ni desaparecerían por arte de magia. Tenían que ser resueltos.

Nadie está libre de las cosas rutinarias. El médico, el dentista, el abogado, el consejero... todos están atados a un horario diario, a diversos trámites en la oficina, a manejar el dinero, a llenar formularios, lo cual conforma la rutina diaria.

Aun viviendo solos tenemos que atender a nuestras rutinas particulares.

Conocemos a una mujer soltera que el día le exige atender una infinidad de detalles.

Para empezar, por la mañana tiene que abandonar la cama. Esto significa que es dueña de una cama, de sábanas, de almohadas, de fundas de almohadas, de frazadas. Significa cambiar las sábanas, lavar y acomodar todos estos artículos. Y además significa que tuvo que pagar todas esas cosas o está en proceso de pagarlas.

Prepararse para ir al trabajo significa poseer un equipo de baño, jabón, desodorante, perfumes, artículos para rizar el cabello, tijeras, toallas. También hay que considerar los vestidos, lo cual significa comprar, limpiar, planchar, lavar, guardar, reemplazar y añadir.

El desayuno requiere comprar, almacenar, cocinar, tener vajilla, utensilios, y lavar lo que se utilizó.

Ir al trabajo entraña financiar y mantener un automóvil, pagar por un garaje y construir una vía de acceso.

Su trabajo le exige comprar y mantener cierto equipo, estudiar y entenderse con los demás.

Después del trabajo, al terminar el día, quiere descansar en su sala de estar. Ello significa muebles, alfombras, tapices, cortinas, un televisor, una radio, el diario del día. Implica limpiar la casa, lavar los vidrios de las ventanas y mantener la calefacción.

La casa está en un terreno lo cual la obliga a cortar el césped y atender los canteros de flores.

Luego llega la noche. Es el momento de practicar algún deporte, ir a un restaurante, a la iglesia, a reuniones en su casa o en casa de amigos, más ropa y más equipo.

Finalmente de nuevo a la cama y a poner en hora el despertador.

Además hay extras, tales como visitas inesperadas, el techo que gotea, lamparillas eléctricas que cambiar, enfermedad, un radiador de la calefacción central que pierde agua y arruinó el linóleum o un viaje.

Y esta no es una lista exhaustiva. Con sólo pensar un poco podríamos duplicarla. Si hacemos una lista tendremos una cuadro visual de nuestras rutinas.

Cuando nos casamos, cabe la posibilidad de que nuestro compañero o compañera tenga una lista de rutinas diarias que se ajusta a la nuestra, cosa por cosa. Y aún en ese caso hipotético, lo probable es que encaremos esas rutinas de distinta manera. Si así ocurre, los planes de ambos para el día, entrarán en conflicto.

LA PRIMERA ASIGNACIÓN DEL MARIDO

El proceso de definir y redefinir las similitudes y diferencias para encarar las tareas rutinarias, comienza antes del matrimonio y continúa hasta el fin de nuestra vida.

El marido marca el rumbo, y analiza las rutinas que requieren ser atendidas.

Es una larguísima lista.

De modo que comenzamos. Dos hijos de Dios, con su amor en nuestro corazón, con espíritu cooperativo, sumisos, entregados. Sin el amor de Dios nuestros esfuerzos caerán vez tras vez en un estado de desacuerdo insuperable.

¿Nos asusta esto? Bueno, pero nos debería sacudir lo suficiente para comprender que nos embarcamos en un matrimonio y mantenerlo a flote, no es solamente una ceremonia. Cada uno de los contrayentes debe analizar cuidadosamente sus hábitos.

Fundir en una sola dos rutinas (o ser «una sola carne» como lo expresa la Biblia) requiere mucho estudio, muchas pruebas y errores, mucho toma y saca. No podrá hacerse en un mes ni en dos meses. Habrá por delante muchas discusiones y decisiones que tomar.

¿Vemos con claridad el cuadro? Lanzar al agua un matrimonio es fácil. Mantenerlo a flote requiere la misma cantidad de tiempo, de atención y de esfuerzo que mantener a flote una sociedad comercial. Y cuando hablamos de esfuerzo, significamos esfuerzo **diario.**

MARCHE DESPACIO

El llegar a un acuerdo sobre cómo encarar los aspectos rutinarios de nuestro matrimonio, se reduce a concordar sobre política, sobre procedimientos, sobre reglas y sobre asignaciones.

Una advertencia: debemos limitar nuestras discusiones a una hora o menos. No podemos resolver todas las cosas en un solo día. Algunos temas tendrán que esperar por lo menos una semana antes de ponerlos nuevamente sobre el tapete.

Pasado un tiempo, descubrimos que algunos de nuestros procedimientos y reglas a los cuales nos ajustábamos inicialmente, no son realmente satisfactorios. Necesitan ser revisados.

Después de un año o dos, ya no tenemos que lidiar con las primeras decisiones que tomamos. Continuamente hay nuevas decisiones que tomar. Además, debemos cambiar o modificar las primeras decisiones que tomamos.

LA TOMA DE DECISIONES REVELA NUESTRO ESPÍRITU

Marvin y Gail trajeron a mi consultorio una colección completa de problemas no resueltos. Uno de esos problemas involucraba ciertos extraños contrastes.

Marvin pretendía un mantel distinto para cada una de las comidas, incluso el desayuno. Gail consideraba esa pretensión totalmente irrazonable.

Otro de sus hábitos ponía frenética a Gail. A ella le enseñaron desde pequeña a pedir las cosas en la mesa y no estirar el brazo para alcanzarlas. No así a Marvin. Estiraba el brazo a más no poder, destapaba el azucarero, llenaba la cucharilla y la traía hacia él dejando un reguero de azúcar desde el azucarero hasta su taza. Ese reguero enfurecía a Gail.

Ni Marvin ni Gail se pusieron de acuerdo sobre esta simple cuestión. En vez de resolver ese problema pusieron en evidencia una tremenda terquedad que tuvo que ser previamente tratada antes de poder solucionar el asunto. El amor no busca lo suyo propio.

MODALES EN LA MESA

Nora tiembla cuando tiene gente a cenar, debido a la manera en que su esposo se comporta en la mesa. Toma porciones de los diversos alimentos, carne, papas, legumbres, y como si fuera un rito hace con esas porciones una pequeña pila. Esto incomoda a Nora, pero él rehusa cambiar.

Ella le echa en cara sus malos hábitos al comer, y nos encontramos así con dos tercas y obstinadas voluntades. No hay signo de arrepentimiento de modo que el desacuerdo insuperable sobre los hábitos de comer se perpetúa.

Si tanto el marido como la esposa cooperan, pueden disfrutar del hecho de salir a comprar alimentos, de cocinar, de servir la mesa, concertar los horarios de las comidas, estableciendo hábitos al comer, levantar la mesa y limpiar el comedor. Sin esta actitud, las rutinas se transforman en permanentes campos de batalla, que pueden durar toda la vida. Arrojamos por la borda cuantas teorías hacen a la cooperación y a la sumisión, y cada «uno se aparta por su camino».

LA AYUDA

Un pastor observó cierto día lunes, su día libre, que su esposa estaba abrumada de trabajo, pues tenía que lavar la ropa y preparar la comida para ellos y sus tres hijitos. La ayudó preparando el almuerzo. Ella quedó encantada. A poco andar, todos los lunes, su almuerzo «sorpresa» era uno de los acontecimientos cumbre de la semana.

Otro matrimonio resolvió su problema de hacer las camas. El último en levantarse hace las camas antes de abandonar el dormitorio. De esta manera una tarea que ninguno de los dos siente placer en hacer, la hacen sin protestar.

El lavar la vajilla no es una de las tareas más agradables. Así, su marido secaba los platos después del almuerzo de los domingos y su mujer los lavaba. De esta forma la ayudaba y le hacía compañía, en lugar de ir a la carrera a encender el televisor para ver un partido de fútbol.

LA LIMPIEZA

Un matrimonio amigo visitaba unos conocidos y la esposa visitante comentó la perfecta limpieza del piso de la cocina.

—Gracias... pero esto se lo debo a mi esposo. A él le corresponde el mérito —replicó la dueña de casa.

Su marido estaba a cargo de la limpieza de todos los pisos. También limpiaba los vidrios de las ventanas. Mi amigo quedó atónito. ¡Imagínense un hombre haciendo esos menesteres!

Todo arreglo o convenio acordado entre marido y mujer es asunto de ellos. Es su contrato social, y no de nadie más.

ESTRATEGIA PARA UNA NOCHE

¿Cómo manejan las horas de la noche?

El marido vuelve a casa. Ha trabajado intensamente todo el día. También lo ha hecho su mujer aunque no haya salido para nada.

Es probable que los dos estén cansados. No obstante ello, y como socios que son, deben decidir cómo comer una buena cena, cómo pasar momentos agradables con los niños después, y ver que todos se retiren a dormir a una hora apropiada.

Para ello hay que elaborar un plan que convenga a los dos. Tal vez la esposa haga todo el trabajo una noche y el esposo a la noche siguiente. Algunas parejas dividen las obligaciones, noche por noche, entre ambos. Otros acuerdan que uno de ellos se haga cargo de toda las responsabilidades.

Si los planes para pasar la noche no son buenos, será preciso sostener una reunión y discutir el problema.

«EL JUEVES ES MI NOCHE»

—Nunca puedo sentarme tranquila a mirar el programa de los jueves a la noche —se lamentó Joan a su esposo.

Eso es todo lo que Pedro necesitaba. Trataron el problema y decretaron:

De ahí en adelante Pedro se haría cargo de todos los jueves a la noche. De esa manera la esposa podía desocuparse a las nueve de la noche a disfrutar de su programa televisivo favorito, una vez por semana.

No es mucho pedir... ¿o sí? Era asunto de ellos, no de otros.

«ESTOY AGOTADO...»

Alguna noche uno de los dos puede manifestar que se siente agotado.

—¿Podrías hacerte cargo de mis obligaciones esta noche, querida? —es una petición que debe ser tomada seriamente por un compañero o compañera comprometidos sobre todas las cosas, a garantizar la felicidad y bienestar de la pareja.

«MARTA, ¿DÓNDE ESTA LA SECCIÓN DE LOS DEPORTES?»

Jorge y Marta discuten permanentemente respecto al periódico. Él insiste en que se mantenga ordenado y en un mismo sitio. Ella prefiere leerlo de a poco. De ahí que una sección esté en el dormitorio, otra en el cuarto de baño, otra en la sala y una más en la cocina. A veces Jorge busca el diario por todas partes y termina gritando:

—Marta, ¿dónde está la sección de los deportes? Rato después la encuentran... envolviendo la basura.

Este asunto del diario se ha transformado en una batalla que no tiene miras de terminar y debería ser tema de discusión y tratamiento para darle un corte definitivo.

EN VIAJE A DETROIT...

A veces hechos rutinarios de todos los días producen inesperadas sorpresas. Cuando Eva y yo viajamos, por lo habitual yo conduzco el automóvil y ella estudia los mapas camineros. Buen arreglo, ¿verdad?

Una de esas sorpresas a que me referí al comienzo me esperaba un día en que Eva y yo asistíamos a una conferencia sobre vida familiar. Yo terminaba de enseñar a ciertos matrimonios cómo entenderse entre ellos y llevarse mejor. Yo era el experto. Sin excepción me agradecieron la ayuda prestada.

En viaje a la próxima conferencia, paramos en un motel a pasar la noche. Cuando viajo me gusta dormir en los mejores sitios, de modo que escogimos un motel de primera categoría y dormimos sobre el colchón más cómodo que era dable imaginar. A la mañana siguiente nos bañamos, nos aplicamos los desodorantes y perfumes que los avisos comerciales nos aconsejaban que usáramos, desayunamos opíparamente y partimos a bordo de nuestro enorme Oldsmobile 98 con aire acondicionado.

Cuando estamos limpios, bien perfumados, bien alimentados, bien vestidos, en un inmenso automóvil y rodeados de un maravilloso panorama, todo tiene que salir bien.

Y efectivamente todo salió bien hasta que llegamos a la intersección de dos autopistas. Una de ellas llevaba a Detroit. La otra a Chicago. Tomamos la que llevaba a Detroit. Eva, la navegante, exclamó:

—Henry, tomaste la ruta equivocada.

Me enfurecí y le grité:

—Eva, por el amor de Dios, ¿crees, por ventura, que no sé donde queda Detroit? ¡Yo crecí en este estado! ¿Quieres manejar tú el automóvil?

Que la esposa de uno le atribuya al marido semejante error es más que suficiente para enfurecer a cualquiera, ¿verdad? Con toda seguridad que el amor de Dios no está a disposición de nadie en momentos como estos, ¿no es así?

Señalemos que todo lo que ella hacía era actuar como navegante, es decir, cumplir con la tarea que se había asignado (de qué manera actuamos en los hechos rutinarios revela nuestro espíritu).

Pisé enojado el acelerador y echando fuego por los ojos clavé mi vista en el camino. Eva no pronunció palabra. El silencio llenó el automóvil mientras avanzábamos velozmente.

Así llegamos a una señal al costado de una bifurcación.

Una flecha indicaba la dirección que llevábamos. Encima de la flecha decía:

«Chicago».

Yo soy doctor en filosofía. Estoy entrenado para evaluar informes y sacar de esos informes conclusiones correctas. No obstante ello, ignoré totalmente esa señal, y seguí obstinadamente en la dirección que llevaba.

Llegamos a otra señal de bifurcación. Decía lo mismo. Sentí que mi enojo contra Eva iba en aumento.

¿Es de creer? Notemos las limitaciones de la educación, del excelente hogar, de la limpieza, del dinero. No obstante todas esas cosas, en un ataque de mal humor estaba actuando como un perfecto estúpido.

Empecinadamente decidí probar una señal más. Eva no dijo esta boca es mía. Tampoco dijo nada cuando llegamos a la siguiente señal y nuevamente la fatídica palabra: «Chicago». Era la tercera bifurcación en la autopista. Ibamos rumbo al oeste, no al este. Tuve clara conciencia de ello.

A pesar de todo, mi mente trabajaba a la velocidad de una computadora. ¿Podrán adivinar mis lectores en qué pensaba? Seguramente lo habrán adivinado. Pensaba **cómo llegar a Detroit sin tener que volver atrás.** ¿Como echar marcha atrás cuando sabemos que nos hemos equivocado pero no queremos admitirlo? En esos momentos no había poder humano que hubiera podido arrancarme de esa carretera.

Pero hay una manera. La Biblia dice:

Si confesamos nuestros pecados, él es fiel y justo para perdonar nuestros pecados, y limpiamos de toda maldad (1 Juan 1:9).

Parece fácil. ¿Cuáles fueron mis pecados? He formulado esta misma pregunta a numerosos auditorios, y sus respuestas son tan inmediatas y completas, que a veces me he visto obligado a interrumpirlos.

Orgullo... rebelión... enojo... terquedad.

Estos son unos pocos de los muchos que sugieren. Es fácil identificar nuestros pecados, si queremos hacerlo.

Yo me resistía a enfrentarme con la verdad. Fue una verdadera lucha.

Finalmente le dije a Dios que lo lamentaba. ¿Querría perdonarme? ¿Querría renovar su amor en mi corazón? Por supuesto que lo haría. Mi actitud cambió de inmediato. Le dije a Eva:

—Creo que vamos en dirección equivocada. Miré ansiosamente buscando la próxima señal que nos permitiera tomar rumbo a Detroit.

LA TOMA DE DECISIONES PUEDE ESPERAR

Si durante la discusión o el cambio de ideas surge este espíritu de terquedad, no hablemos más del asunto hasta que el otro se arrepienta. A veces ello sucede en treinta segundos... un día... un mes. En todos los casos hablémosle a Dios como hijos que somos de él. Él nos perdonará y derramará su amor en nuestro corazón.

Luego sigamos en nuestro empeño de fijar normas precisas en el manejo de la interminable actividad rutinaria.

UN CONCEPTO QUE CAMBIA LA VIDA

Nuestra serenidad, paz, gozo y amor no los determinan las preferencias de nuestro cónyuge. Las preferencias del cónyuge no crean nuestra condición interior; simplemente la **revelan**.

ESAS COSAS DE RUTINA

Los hechos rutinarios revelan nuestro espíritu. Que permitamos o no a Dios que derrame su amor en nuestro corazón depende de nuestra decisión. Nuestro cónyuge no puede impedirlo, no importa cuán desagradable y desconsiderado sea. (Esta es buena ocasión para pasar revista nuevamente al capítulo cinco de este libro y refrescar nuestra memoria respecto a lo que significa el amor de Dios.)

COMENZAR CON FE

El amor de Dios nos ayudará eficazmente a manejar los hechos rutinarios de nuestra vida conyugal.

Recordemos: **El matrimonio entraña vérselas con una infinidad de detalles todos los días**.

Es preciso tener mucha fe para confiar al criterio del esposo o de la esposa los desacuerdos insuperables, los callejones sin salida. Significa un acto de fe que los dos cónyuges decidan que sea el marido el que tome las decisiones para la mejor marcha del hogar, sobre todo cuando la mujer está convencida de que debería prevalecer su criterio y no el de él.

¿Cuántas veces lo vamos a repetir? Solamente el amor de Dios en los dos cónyuges posibilitará que haya armonía en el manejo de los asuntos rutinarios.

11

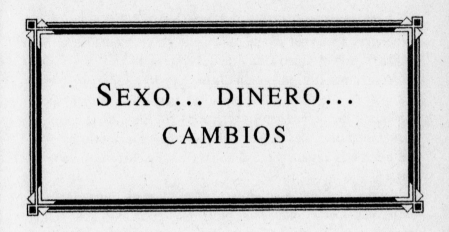

SEXO... DINERO... CAMBIOS

¿CUÁL ES EL PROBLEMA?

Todo el mundo disfruta del placer de ver o tocar el cuerpo humano. Los publicistas saben muy bien que nuestros ojos y nuestras emociones se sienten atraídos por una mujer hermosa o un hombre varonil.

Basta recordar los días del noviazgo. Una estremecida respuesta del novio o novia eran tan automáticos como responder al aroma de una comida sabrosa o a un perfume exquisito. Nunca se planteaban problemas sobre cómo tocar, abrazar, acariciar o besar. El problema era reprimir y sujetar nuestros entusiasmos.

¿No es raro, entonces, que tantos matrimonios hallan difícil la relación sexual, cuando el tocar, el acariciar, el besar y el acto sexual son las más extáticas experiencias de la vida, gozadas tanto por los hombres como por las mujeres?

LA CAUSA MÁS COMÚN DE LAS DIFICULTA-DES: LAS RELACIONES SEXUALES

Prácticamente todas las parejas que llegan a mi consultorio le asignan a su vida sexual el carácter de problema serio. Pero nunca es este el único factor de desavenencia.

A mi consultorio llegó un día una preciosa señora de hermosas formas, que había sido golpeada y magullada por su esposo. No eran infrecuentes estos encontronazos. Era ella quien iniciaba habitualmente las peleas, con interminables y furiosas filípicas porque él llegaba tarde al hogar o emitía cheques sin consultarla.

En los períodos no conflictivos compartían una hermosa vida sexual. No se planteaban problemas en cuanto a su actitud con respecto al sexo, a técnicas, frecuencia o posiciones adoptadas. Pero cuando se planteaban conflictos la lucha a puñetazos reemplazaba a la ternura de la actividad sexual.

El caso de esta pareja ilustra a la perfección la falacia de que la satisfacción sexual hace que dos personas se lleven mejor.

No hay ninguno de nosotros que no haya leído libros y artículos que culpan de las actuales dificultades sexuales a los padres, a enseñanzas sobre el sexo a una edad demasiado temprana, también a tempranas experiencias sexuales, a la ignorancia de cómo está formado el cuerpo, a las posiciones a adoptar y a las técnicas a utilizar.

Pero no es así.

La gente que **quiere** responder sexualmente hallará la forma de hacerlo. Sobra información si eso fuese lo que hace falta.

Tomemos un bebé. ¿Qué es lo que determina que un bebé se acaricie con ternura, se bese, se le hable con cariñosas palabras, o se ignore, se zurre o se le grite?

En ambos casos es el mismo bebé. Pero la respuesta de los padres dependerá si el bebé ríe o llora, si digiere bien su comida o si vomita, si sus pañales están limpios o sucios, si se porta bien o se porta mal. Además, depende también de si el padre es paciente o impaciente, enojado o contento, egoísta o servicial.

La respuesta al cónyuge, ¿no es igual que la del bebé? ¿Qué cosa más simple hay que tocar al otro, acariciarlo, besarlo, decirle palabras cariñosas?

¿Qué hace que uno se muestre reticente, que se ponga estirado, que se enfrente al otro? Por supuesto que no significa disfrutar de un placer. Todo el mundo goza con alguna forma de contacto físico.

¿Qué es lo que determina que hagamos una caricia o demos una bofetada? ¿O hablar cariñosamente o con dureza? Siguen siendo los dos hermosos cuerpos. No han cambiado para nada.

La norma bíblica para expresarnos sexualmente es una **total libertad e igualdad entre el marido y la esposa.**

El marido cumpla con la mujer el deber conyugal, y asimismo la mujer con el marido. La mujer no tiene potestad sobre su propio cuerpo, sino el marido; ni tampoco tiene el marido potestad sobre su propio cuerpo, sino la mujer. No os neguéis el uno al otro, a no ser por algún tiempo de mutuo consentimiento, para ocuparos sosegadamente en la oración; y volved a juntaros en uno, para que no os tiente Satanás a causa de vuestra incontinencia (1 Corintios 7:3-5).

En otras palabras, **estamos obligados al deseo del otro.** ¡No esperábamos semejante libertad en el matrimonio! ¿No es verdad?

CONOCER AL OTRO

De nada nos servirán aquí datos o informaciones de carácter general sobre «hombres» o «mujeres». Tenemos que conocer las necesidades del otro, las cosas que le gustan, las cosas que le disgustan, para hallar de esa manera una forma mutuamente agradable de expresarnos sexualmente. Lo que nos servirá aquí es el amor de Dios en nuestro corazón... amor que:

...no es indecoroso,

...no se irrita

...no busca lo suyo

...no toma en cuenta las ofensas recibidas

Aquí cobran trascendental importancia **las tres llaves**:

1. Cooperación.

2. Sumisión

3. Entrega.

Si la Biblia claramente describe la **total libertad sexual** y la **igualdad** entre marido y mujer, ¿por qué, entonces, se producen rechazos entre ambos?

EGOÍSMO

Al escuchar tantas veces, de tan diversas personas, el conflicto planteado por la respuesta física de las parejas, el egoísmo surge como uno de los principales problemas. Hay desacuerdos insuperables, desavenencias graves que reconocen por causa problemas de dinero, el manejo del hogar, las actividades sociales, la vida de iglesia, la vida en familia, la relación con los suegros, la utilización del tiempo, prácticamente todas las cosas. No es de sorprender que también alcance a la actividad sexual.

OBRAS DE LA CARNE

No olvidemos tampoco las obras de la carne. Problemas no resueltos entre cónyuges se traducen en reacciones de enojo, de odio, de amargura, de rebelión. Con semejantes reacciones a cuestas, resulta preferible sacrificar la satisfacción sexual que agradar al cónyuge.

A esta altura de nuestra exposición ya sabemos cómo encarar el egoísmo y las obras de la carne. Se trata de un asunto personal entre cada uno de nosotros y Dios. Debemos arrepentirnos, pedirle a Dios que nos limpie y que una vez más inunde nuestro corazón con su amor.

¿Y qué pasa si nuestro cónyuge no se arrepiente? ¿O no coopera? No debemos negar o privar a nuestro cónyuge. Hay una clara advertencia que leemos en 1 Corintios 7:5:

No os neguéis el uno al otro, a no ser por algún tiempo de mutuo consentimiento, para ocuparos sosegadamente en la oración; y volved a juntaros en uno, para que no os tiente Satanás, a causa de vuestra incontinencia.

La única razón o causa por la cual podemos negarnos sexualmente a nuestro cónyuge es para dedicarnos a prolongados períodos de oración y ayuno. Lo cual no ocurre a menudo. De lo contrario, si nos resistimos o negamos uno al otro, corremos el grave riesgo de ceder a tentaciones.

«HAY OTRA PERSONA...»

—Soy casado, pero me siento atraído por otra persona que no es mi cónyuge.

La anterior manifestación es un comentario que escucho cada vez con mayor frecuencia, tanto de hombres como de mujeres, cristianos o no cristianos.

He conocido personas que no soportan ni siquiera la proximidad de su cónyuge, mucho menos físicamente, y que describen un ardiente amorío con otro (a veces un extraño) que está lejos de tener los atractivos o la belleza física que tiene el esposo o la esposa. Esa aventura no pasa de ser una expresión de resentimiento o desquite. Por cierto que no es expresión del amor de Dios.

A todas luces el problema no radica en la respuesta física. Tiene que ver con el espíritu... con la voluntad, no con el cuerpo.

Por supuesto que en todas partes hay tentaciones. ¿Cuándo no las hubo?

Al fin y al cabo, la mitad de los habitantes de la tierra son mujeres, aproximadamente. Alrededor de dos mil millones de mujeres. La otra mitad está formada por hombres. Cuando la mujer se transforma en esposa no desaparecen esos dos mil millones de hombres. Tampoco desaparecen todas las mujeres cuando un hombre se casa. Allí están… tan interesantes y atractivas como siempre.

Fue idea de Dios formar mujeres hermosas y hombres viriles. Podemos disfrutar de la belleza y del compañerismo de personas de ambos sexos, sin codiciarlas. Podemos tener muchas amistades de los dos sexos. Pero a veces estas relaciones son difíciles de controlar.

SE TRATA DE UN PROBLEMA DE ENTREGA

El matrimonio entraña una entrega a una sola persona, pese a que siguen existiendo todas las demás.

Un hijo de Dios, con el amor de Dios en su corazón, que tiene toda la intención de cooperar con su cónyuge, que quiere someterse, y que ha probado la sinceridad de sus intenciones en otras áreas de su vida, no tendrá problemas sexuales, ni con su cónyuge ni con nadie más. Tomemos nota de las condiciones. También tomemos en serio a la Biblia y estaremos en camino a una hermosa vida sexual. Nada nos será más agradable que satisfacer al compañero o a la compañera.

¿Y qué hacer si el cónyuge nos hace un desaire, tratándonos con frialdad, a pesar de nuestra voluntad de acatar el mandamiento bíblico?

Mantengámonos a disposición de él. Mantengamos el deseo de hacer lo mejor de nuestra parte. Recordemos que estos problemas no se resuelven en un día, ni siquiera en un año. Nuestro compromiso es con Dios. Nuestro compromiso no depende de las preferencias o de la decisión del cónyuge. Debemos permanecer a la expectativa, rindiéndonos al amor de Dios. Él nos sostendrá. El amor todo lo soporta. Esas son buenas noticias, no malas noticias. Pongámoslo a prueba.

PROBLEMAS MONETARIOS

El problema del sexo es el problema más conflictivo y que más escucho mencionar en mi consultorio. Ocupando un inmediato segundo lugar, figuran las disputas y conflictos derivados del problema económico.

He tenido que ayudar a centenares de mis clientes a encontrar una forma de salir del atolladero financiero en que se hallan.

He aquí mi consejo casero. A nadie le cuesta gastar el dinero. El problema radica en cómo guardar una parte del dinero que obtenemos. Es obvio que cualquiera que tiene algún dinero es porque no lo gastó todo.

Los que se hallan en aprietos financieros son los que gastan más de lo que ganan. ¿Esto que decimos es demasiado elemental? Sí, efectivamente. Pero el ignorar este sencillo hecho es meterse en camisa de once varas.

¿Dónde empezar si nos hallamos en dificultades? En primer lugar redactemos una relación financiera de nuestro activo y de nuestras obligaciones a pagar, es decir, un estado de cuentas. Si no sabemos cómo se hace, recurramos a un técnico especializado. Y tenemos que vérnoslas con nuestros acreedores.

En segundo lugar, si los cobradores no nos dejan ni a sol ni a sombra, vayamos a todas las personas a quienes les debemos dinero y pongamos las cartas sobre la mesa, discutiendo con ellas francamente la situación. Una vez hecho eso, debemos acordar la forma y los plazos para pagar la deuda. Es probable que aquí también debamos recurrir a gente especializada en el manejo de fondos. Tal vez sea una experiencia humillante, pero es el primer paso para salir del atolladero. Debemos actuar de esta manera sea que el cheque que cobramos sea del Departamento de Bienestar Social del Estado, o un cheque de desempleo, o que ganemos 25.000 dólares al año.

Luego, debemos planear las cosas de manera que vivamos según nuestras entradas. También en este caso es aconsejable la opinión de los especialistas.

El paso más importante es la **disposición de darlo**. Y es probable que exija algunos cambios drásticos en nuestro estilo de vida.

MI CASO

Permítanme mis lectores compartir con ustedes mi propia experiencia en el campo de las finanzas.

Estaré eternamente agradecido a un inexperimentado director de educación cristiana y a una maestra de escuela dominical por su ayuda.

Primero, el director de educación cristiana. No cesaba de preguntarme qué hacía con mi dinero. A mí se me ocurría que no era de su incumbencia. Pero él machacaba con el tema.

No hacía otra cosa que refregarme la nariz con dos versículos bíblicos:

> *Mas buscad primeramente el reino de Dios y su justicia, y todas estas cosas os serán añadidas. Así que, no os afanéis por el día de mañana, porque el día de mañana traerá su afán. Basta a cada día su propio mal* (Mateo 6:33-34).

Luego de meses de procurar borrar de mi mente estas palabras de Jesús y de evitar al pastor, finalmente cedí. Tomé un lápiz y escribí una reseña del uso de mi tiempo y de mi dinero.

Después de cumplir mi horario de trabajo, de cuidar el jardín, de jugar al tenis, de navegar en mi velero, mi semana estaba completa. Poco era el tiempo que estaba en casa. Todo mi dinero lo gastaba en mi persona y en los míos. Mi vida era el reverso de lo que Jesús enseñó en esos versículos.

Empeñé mi palabra con Jesús de que obedecería su mandamiento, de que buscaría «primeramente el reino de Dios y su justicia».

Era una nueva forma de vida. Gradualmente establecí un nuevo grupo de prioridades. Helas aquí:

1. Esposa
2. Hijos
3. Ministerio
4. Ganarme la subsistencia

Tales prioridades exigieron cambios drásticos en mi estilo de vida. Mi énfasis cambió de dinero, dinero, dinero, a pensar en mi familia y en servir a los demás. Este énfasis fue el que me condujo a la iglesia, y eventualmente a cambiar de ingeniería a consejero y educador. Este cambio gradual empezó cuando yo tenía veintisiete años de edad y continúa hasta el día de hoy.

Adoptamos también un nuevo plan financiero. Todas las entradas, grandes o pequeñas, las dividíamos de la siguiente manera:

1. Diezmo   10%
2. Gastos varios/ahorro   85%
3. Inversiones riesgosas   5%

Me costaba trabajo imaginar cómo daría el diez por ciento de mis entradas como diezmero, pero decidimos hacerlo. Y esa fue una de las mejores inversiones financieras que jamás hice.

LA LLAVE FUE EL DINERO ARRIESGADO...

¿Por qué destinar cinco por ciento como inversión riesgosa? La idea la obtuve de un queridísimo maestro de escuela dominical, hombre adinerado.

Yo estudiaba en aquellos días para obtener el doctorado en filosofía en la Universidad de Cornell. Decidí estudiar con dedicación exclusiva y para ello le pedí dinero prestado a aquel hombre.

Aceptó prestármelo, pero agregó un corto discurso.

—Henry, te presto este dinero para demostrarte que confío en ti y también para estimularte.

Es como prestarte una de mis mejores herramientas. Esto es parte de mi «dinero arriesgado». Yo uso el dinero como una herramienta para hacer más dinero. Cuando te lo preste, no lo puedo utilizar o invertir. Invierto en ti.

Escuché el discurso y como resultado de ello me comprometí a dos cosas:

1. Me ocuparía de que su inversión en mí le rindiera buenos dividendos.

2. Yo también destinaría parte de mis finanzas a «dinero arriesgado».

De modo que así es como hacen los ricos. Si queremos tener dinero no debemos gastarlo todo. Decidí destinar el cinco por ciento de mis entradas, para invertir, como lo hacían los ricos.

Este fondo se acumuló, muy lentamente al principio, pero mientras tanto estudiaba cómo invertirlo. A lo largo de los años el Señor me dio sabiduría muy por encima de mis naturales capacidades para manejar ese dinero. Empezando de cero, ese dinero se multiplicó centenares de veces, y me ha permitido devolver al Señor, para su obra, muchos miles de dólares.

Sin entrar en nuevos y más prolijos detalles, el principio general es el siguiente: si damos el diezmo, y destinamos un porcentaje de dinero a inversiones riesgosas (en el entendimiento de que buscamos primero el reino de Dios y su justicia), Dios nos brinda la sabiduría para multiplicarlo.

¿Cómo lo sé? Porque he tenido el privilegio de ayudar a mucha gente a enderezar sus torcidos estados financieros, establecer prioridades y situarlos nuevamente sobre sólidas bases espirituales y económicas.

La pareja matrimonial debe determinar sus porcentajes de común acuerdo y con el Señor.

Cualquier biblioteca hay libros que nos enseñan cómo encarar los problemas financieros. Muchos bancos e instituciones de crédito también cuentan con material impreso sobre cómo manejar el dinero.

Como dije al principio, este libro no es una detallada guía financiera. Mi propósito es el de estimular a mis lectores a que aprendan cómo multiplicar su dinero para la gloria de nuestro Señor y poner en orden sus prioridades.

ENFRENTAR LOS CAMBIOS... PROBLEMA MUY COMÚN

Entre las cosas más difíciles que debe enfrentar un matrimonio figura el tener que enfrentar cambios súbitos. Hay cambios de empleo o pérdida del empleo. Hay cambios de casa o cambios de destino. Hay embarazos inesperados. Hay enfermedades. Fracturas. Reveses financieros. Ganancias económicas. Los niños crecen en sus diversas etapas. Abandonan el hogar para proseguir sus propias carreras. Que el matrimonio sepa enfrentar correctamente los cambios depende de la medida en que la pareja esté comprometida con Dios.

JACK Y JAN ENCARARON...

Jack y Jan treparon la empinada cuesta de un drástico cambio en sus vidas. Jack estaba bien afirmado en un cargo de mucha responsabilidad en una gran ciudad. Todos los atardeceres llegaba a su casa dejando atrás las tensiones del día, la lucha por el transporte, y caía prácticamente sobre su sillón favorito.

Pero no por mucho tiempo. Sus noches estaban ocupadas a pleno.

Jack y Jan se anotaron como voluntarios para realizar diversos trabajos en la Asociación Cristiana de Jóvenes local. Acompañados por sus dos niños asistían a diversas atracciones nocturnas o participaban en actividades de grupos familiares. Así actuaron por cerca de quince años.

Pero un día Jan hizo explotar una bomba. ¿Qué diría Jack si ella estudiara abogacía? Al principio parecía que se trataba de una broma, pero mientras más se habló del asunto más claro resultó que Jan hablaba en serio. Con los niños en el colegio, sintió el llamado a una nueva actividad, algo así como un desafío a su intelecto.

Juntos estimaron lo que todo ello traería involucrado. Los próximos cinco años se irían en estudio académico y en tareas de aprendizaje. Tenían una verdadera montaña por delante.

Pero decidieron hacerlo. Han transcurrido dos años. Un sábado a la tarde estaba yo en la tienda de comestibles cuando me encontré con Jack que hacía las compras para la familia.

—¿Vas a ver el partido de básquetbol esta tarde?— le pregunté.

—No —respondió Jack—. Últimamente no veo muchos partidos —, pero añadió rápidamente: —¿Sabes una cosa? No me ha importado mayormente. Yo llego a casa del trabajo y ahí está Jan quemándose los sesos estudiando. Y anda muy bien en sus estudios, pues saca excelentes notas. Tengo la impresión de que lo lograremos.

Bien dicho, pensé. Me gustó lo de **lo lograremos**, pues el efectuar cambios de toda índole en el hogar no es de uno sino de los dos cónyuges. Cabe la pregunta si al fin podrán hacerlo y alcanzar la meta propuesta. No lo sabemos. Su compromiso debe continuar, al igual que el de ella. Y si obtiene un título de abogada habrá nuevos cambios que efectuar. Sus mutuos compromisos y su estilo de vida sufrirán numerosos cambios en el futuro.

JEANETTE SE CASÓ CON UN PASTOR...

Tuvimos ocasión de observar un suceso maravilloso, con una gran dosis de tristeza, pero que ilustra cómo la familia puede ser forzada a enfrentar súbitos e incontrolables cambios.

Jeanette era una organista y pianista de primera. Ocurrió lo obvio: se casó con el pastor.

Fácil imaginar cuánto lo ayudaba, porque además del arte musical que dominaba, era una persona cálida y amante que ayudaba a muchas mujeres en la iglesia.

Tenían dos hijos. Jeanette y su esposo estaban encantados con su familia y con su ministerio.

Pero Jeanette enfermó de poliomielitis. De la noche a la mañana, esta talentosa y activa mujer se vio reducida al estado de inválida.

Las rutinas desaparecieron como por arte de magia. Su esposo, aparte de sus deberes como pastor, tenía que atender a una esposa inválida, lavar y planchar la ropa, enviar los niños a la escuela, ir de compras y limpiar la casa.

A lo largo de los meses Jeanette luchó denodadamente contra la invalidez, y logró pasar de la cama a la silla de ruedas. Poco a poco y gradualmente, retornó la dirección de los quehaceres de la casa. Hasta logró volver al órgano, a pesar de su invalidez.

Durante toda esa dura prueba, los dos mantuvieron un espíritu alegre, pues dejaron que el amor de Dios se derramara en sus corazones.

Esta historia de «sea que empeore o mejore tu suerte» demuestra cómo los cónyuges avanzan día a día, por fe, y descubren que su matrimonio se afianza cada vez más.

UN PROBLEMA PARA LOS RECIÉN CASADOS

Apenas tenían dieciocho años de edad cuando se casaron. Tenían sus metas por delante. El iría a la universidad en horario completo y ella trabajaría. Compraron una casita rodante y se instalaron en el predio de la universidad. ¡Era un cálido nidito de amor! ¡Cuán felices eran!

Pero cuando vinieron a mi consultorio los vi cariacontecidos y malhumorados.

Ella quedó embarazada al poco tiempo de haber contraído

matrimonio. Él la culpaba a ella y ella lo culpaba a él. Ninguno de los dos había anticipado esta posibilidad. Él se preocupó tanto que abandonó las aulas universitarias.

Y ella se sentía muy mal y su vientre cada vez más voluminoso.

El odio, entre ellos, era mutuo.

—Todo lo que sucede es consecuencia de su preñez —dijo él—. Ella tiene toda la culpa.

No. No era sí. El embarazo traducía el odio que los dominaba. Estos dos no inventaron los embarazos inesperados. Infinidad de parejas han pasado por la misma experiencia y han sobrevivido perfectamente bien.

Les indiqué cómo hacer para arrepentirse del odio que sentían el uno por el otro, para ser limpios de su falta y hallar el amor de Dios. Este cambio inesperado resultó ser lo opuesto a la tragedia. Debido a ese cambio conocieron a Dios.

¡Espléndido!

Dejaron de pelear y empezaron a cooperar. Adoptaron nuevos planes para sus vidas. Todo anduvo bien... y sigue viento en popa.

DURANTE TRES AÑOS... EN LA POBREZA

Calvin y Liz vivían en permanente penuria económica porque Cal cursaba sus estudios en la facultad de medicina. Apenas le alcanzaba el tiempo para hacer algunos trabajitos que le permitieran ganar un poco de dinero, y Liz trabajaba con dedicación exclusiva, como maestra de tercer grado en una escuela primaria cerca del lugar donde vivían.

Jamás sobraba un centavo. Todo iba para los gastos de estudio y para el ínfimo presupuesto que se habían fijado.

Pero eran felices. Estaban dedicados a una sola y única meta: el título universitario de medicina de Cal. Liz cumplía sus pesadas tareas sin una queja. Cal ayudaba cuantas veces podía y se aseguraba siempre de obtener las mejores notas.

Juntos alcanzaron la meta perseguida.

Fue una dura lid. Vivieron como se vive en un hospicio. Los alimentos básicos exclusivamente necesarios para subsistir y rara vez alguna pieza de vestir. Y en medio de esa necesidad, disfrutaron de esos años.

Calvin se unió a otros dos médicos en una clínica privada. Al cabo de un año se incorporó como socio. A sólo doce meses de la pobreza, Cal y Liz se acercaban rápidamente a la prosperidad.

A Calvin le fascinaba su trabajo. Trabajaba largas y duras, pero satisfactorias horas. A poco andar se vieron libres de pasadas deudas. Ahora a los dos les fascina la cantidad de cosas que pueden obtener... botes y acoplados... clubes... cabañas en el campo... comidas especiales... costosos restaurantes... entretenimientos... roperos llenos de ropa nueva.

El mismo éxito tuvieron en su vida social. Cal encabezó durante un año la campaña anticancerosa. Liz se puso a la cabeza de las mujeres de su grupo. La atraía irresistiblemente sus nuevos intereses en el club de tenis. A Calvin lo enloquecía de placer el golf.

Sólo pocos años atrás habían vivido en la pobreza. Ahora Cal y Liz se veían envueltos en estas nuevas, placenteras, desafiantes y fascinantes experiencias.

Pero ahora nació una criatura... que fue criada por niñeras.

Lenta y gradualmente Cal y Liz empezaron caer en la cuenta que no eran felices. Ya no se veían tanto como antes. Y cuando estaban juntos había más de riña que de compañerismo. Todo esto creaba un cuadro muy confuso. ¿Dónde había ido a parar el trabajo en equipo y el compañerismo que les fue tan caro cuando Calvin cursaba sus estudios de medicina y Liz trabajaba y ayudaba para que su esposo se graduara?

Ahora habían tomado caminos muy interesantes pero separados. Su matrimonio sufría las consecuencias de esa situación. Ahora jugaban singles y no dobles.

Por eso fueron a parar a mi consultorio. ¿Cómo es posible que dos personas brillantes, educadas, talentosas y con mucho dinero para gastar, lleguen a esta situación?

Es una de las infinitas variaciones de un mismo tema, tan antiguo como el tiempo, tan común como el resfrío. Ya ocurría en tiempos del apóstol Pablo, quien escribió lo siguiente:

> *Sé vivir humildemente, y sé tener abundancia; en todo y por todo estoy enseñado, así para estar saciado como para tener hambre, así para tener abundancia como para padecer necesidad* (Filipenses 4:12).

Calvin y Liz no habían aprendido el secreto de esa verdad. Él estaba entrenado y preparado para manejarse en la profesión médica, pero no sabía encarar ni manejar la prosperidad. Infinidad de norteamericanos como Calvin y Liz no han aprendido a manejar la prosperidad. La prosperidad les despertó el impulso de «apartarse cada uno por su camino». La prosperidad reveló falta del amor a Dios. Tuvieron que aprender que la educación, la inteligencia brillante y la riqueza no son substitutos del amor de Dios.

¿CUÁL FUE LA SOLUCIÓN?

1. Calvin y Liz, inteligentes, talentosos, prósperos, necesitaban de un Salvador.

2. Por medio de Jesús, podían lograr que el amor de Dios inundara sus corazones.

3. Necesitaban someterse mutuamente.

4. Calvin tenía que tomar decididamente el liderazgo de su hogar. Necesitaba ocuparse de sus relaciones con su esposa como cuidaba de su propio cuerpo.

A Calvin y Liz les resultó un hueso duro de roer. Resistieron estos consejos durante muchos meses antes de reconocer que no podían solucionar su problema por su propia cuenta.

DEBEMOS CONTAR CON LOS CAMBIOS

Siempre se producen cambios. Nadie ordena su vida de tal manera que todas las cosas resultan como uno quiere. Fue Jesús quien dijo:

> *Estas cosas os he hablado para que en mí tengáis paz. En el mundo tendréis aflicción; pero confiad, yo he vencido al mundo* (Juan 16:33).

Leamos lo que escribió el apóstol Pablo:

> *Y sabemos que los que aman a Dios, todas las cosas les ayudan a bien, esto es, a los que conforme a su propósito son llamados* (Romanos 8:28).

SERÁ PARA BIEN...

¿Nuestro cónyuge vuelve a estudiar para lograr un título académico? ¿Poliomielitis? ¿Embarazo no planeado? ¿Mal encarada prosperidad?

¿Cómo todas esas circunstancias pueden obrar para bien? Pues así ocurre. Nadie entiende bien los beneficios que resultan de los pruebas, de las dificultades o de los conflictos cuando se transita por ellos. Pero para un hijo de Dios, con el amor de Dios en su corazón, todo se suma para bien. Al mirar atrás vemos los beneficios. Tanto cuando ejecutamos nuestros quehaceres diarios o cuando echamos una mirada al futuro, debemos confiar en Dios.

Los hijos de Dios se deleitan con la vida. ¡Adelante con el futuro!

Será bueno.

Con Dios como nuestra Fuente, podemos responder a la vida como lo hizo y describe el apóstol Pablo:

Estad siempre gozosos. Orad sin cesar. Dad gracias en todo, porque esta es la voluntad de Dios para con vosotros en Cristo Jesús (1 Tesalonicenses 5:16-18).

12

QUE LA IGLESIA CUMPLA SU MISIÓN... Y AYUDE A NUESTRO MATRIMONIO

¿EL CAPÍTULO MÁS IMPORTANTE?

Este pudiera ser el capítulo más importante del libro.
¿Por qué?
Si queremos que nuestro matrimonio mejore, tenemos que edificarlo sobre un fundamento espiritual. ¿De acuerdo? Para tal cosa resulta de fundamental importancia nuestra educación cristiana.
¿Adónde recurrimos en busca de la ayuda que necesitamos? **Recurrimos a la iglesia.**

¡LOADA SEA LA IGLESIA!

Somos ardientes partidarios de la iglesia y de los grupos e instituciones relacionados con la iglesia. Por iglesia entendemos nuestra iglesia local, sus diversas denominaciones, y los grupos e instituciones relacionadas directamente con ella, tales como Juventud para Cristo, Gente Joven, los Navegantes, Cruzada

Universitaria por Cristo, Inter-Varsity, Confraternidad de Hombres de Negocios Cristianos, campamentos cristianos, conferencias cristianas, radio y televisión cristianas, universidades cristianas, organizaciones misioneras y otras instituciones similares.

Son los custodios de la más importante información que hay en el mundo, es decir la Palabra de Dios a los hombres y mujeres.

Estos grupos me dieron la información que me encaminó a una vida abundante en Jesucristo. Me dieron las llaves que me permitieron mantener intacto mi matrimonio y criar y educar a mis hijos. Me enseñaron cómo ayudar a mis semejantes.

Me dieron una plataforma desde la cual ministrar. Yo he unido mi suerte a la de la iglesia.

Estoy convencido que la salud mental de la humanidad descansa en sus manos. No podemos elevarnos del suelo tirando de los cordones de los zapatos. Solamente Dios tiene el poder que necesitamos. La iglesia nos indica el rumbo para llegar a Dios y nos enseña cómo valernos de los recursos que él pone a nuestra disposición.

Conozco centenares de parejas que atribuyen a su iglesia el haberles dado la instrucción, la guía y la amistad que les ayudaron a sostener y afianzar sus matrimonios.

Cuando la gente critica a los cristianos, debemos preguntar: «¿Qué cristianos?»

Efectivamente, una mirada escudriñadora a todos los cristianos nos permitiría ver que van de los mejores a los peores.

Yo me he especializado como consejero de cristianos. He visto el lado peor de ellos. Pero no contradicen las enseñanzas de la Biblia. Las ilustran. ¿Quién no ha dado alguna vez un tropezón? La Biblia nos dice por qué caemos, cómo levantarnos y cómo afirmarnos. La gente más espléndida que conozco es cristiana. Desgraciadamente también conozco algunos cristianos que son pésimas personas.

No repudiamos a quienes controlan su peso porque alguno siguió las instrucciones recibidas, rebajó algunos kilogramos y luego volvió a subir. Más bien llegamos a la conclusión de que no siguió estrictamente y al pie de la letra las instrucciones.

EL MINISTERIO DE UN MAESTRO DE LA ESCUELA DOMINICAL

Nunca olvidaré un hombre corpulento, fornido y vigoroso, muy adinerado mi maestro de la escuela dominical. Podía haberse dedicado exclusivamente a sus inversiones. O asistir a una clase de adultos aprovechando para sí mismo las enseñanzas bíblicas impartidas.

En lugar de ello, enseñaba a una pandilla de rebeldes.

Todas las semanas planeábamos nuestra estrategia con una meta por delante: hacerle la vida insoportable.

Con el tiempo me aparté totalmente de él, de la iglesia y de Jesucristo. Me metí en andanzas tormentosas.

Sin embargo, cada vez que me veía me arrinconaba. Yo me enfurecía cuando lo veía venir.

Pero el hombre no cejaba. Me detenía, me rodeaba con su enorme y vigoroso brazo, me apretaba mi huesudo hombro con su inmensa mano.

—Henry, yo te aprecio pero no me gusta lo que estás haciendo. Vas por mal camino.

Esas palabras me hacían arder de rabia. Murmuraba cuando se iba: —¿Por qué no se mete en sus propios asuntos y me deja en paz?

Mucho tiempo después comentó conmigo y me dijo: —Yo estaba metiéndome en mis propios asuntos. Yo era tu maestro de la escuela dominical, **de modo que sí era mi asunto y mi responsabilidad.**

UNA ENFERMERA... MÁS LA IGLESIA

Un dentista amigo mío estaba separado de su esposa. No se podían aguantar.

La enfermera en su consultorio era cristiana y no lo dejaba tranquilo invitándolo a concurrir a las reuniones de una cruzada de evangelización a cargo de Billy Graham, que en aquellos días se realizaba en su ciudad.

Él se resistía. Finalmente, para sacársela de encima decidió ir, pero ocupó el lugar más alejado posible del doctor Graham.

No obstante, cuando se formuló la invitación, se encontró avanzando desde su lejano asiento para aceptar a Cristo.

Poco tiempo después fue en busca de su esposa y le rogó que lo acompañara ese fin de semana a un retiro espiritual.

Ella quedó pasmada del cambio que se había operado en él. Mientras antaño fue un hombre duro y torpe, ahora era tierno y humilde. A la señora no le cabía duda que seguramente tendría algún motivo ulterior escondido para todo eso.

De todos modos lo acompañó, y ella también se volvió a Cristo.

Se unieron nuevamente.

Seis meses después bajaba yo del avión en San Francisco para asistir a una conferencia en ese mismo lugar de retiro. Allí estaba el dentista esperándome.

Tomada de su brazo estaba su esposa. Con el otro brazo sostenía mi curso por correspondencia publicado por el Moody Bible Institute, **Keys to Better Living for Parents** [Llaves para una vida mejor para padres].

Entre la cruzada de Billy Graham... el retiro y mi curso por correspondencia referido al hogar, pudo salvarse su matrimonio. Asistiendo semanalmente a una iglesia local, aprendió a vivir la vida cristiana. Hoy en día ayuda a otros.

EL MINISTERIO DE UN PASTOR

Yo estaré eternamente agradecido a algunos pastores y misioneros que me ayudaron a lo largo del camino de mi vida, los que me formulaban molestas e incómodas preguntas tales como:

¿Qué haces con tu tiempo?

¿Qué haces con tu dinero?

¿Eres feliz?

¿Descuidas a tu familia?

Esas preguntas me disgustaban, y también los obreros cristianos que las formulaban. ¿Por qué estaban tan interesados en mi persona? Hoy les estoy muy agradecido. Me obligaron a tomar en serio esas preguntas y escoger correctamente.

Recuerdo un compañero cuando teníamos poco más de veinte años de edad. Era un tipo duro, mal hablado, bebedor y peleador. De pronto, súbitamente, vino a verme un día y me pidió disculpas por ciertas críticas que había expresado sobre mi persona.

No podía dar crédito a mis oídos. Luego me sorprendió más aún cuando rechazó un cigarrillo que le ofrecí. Y cuando llegó el momento de compartir una copa, me dijo:

—No, gracias.

Un día fui a buscarlo a su casa, y su madre me informó:

—No está aquí. Ha ido a una reunión de oración, o algo por el estilo, un lugar raro.

Llegó al extremo de ir a un negocio y pagarle al dueño el valor de unas herramientas que él había robado. ¿A qué se debía todo eso?

Me explicó que una noche, de puro aburrido, entró a una iglesia y escuchó cuando el predicador explicó en qué consistía el pecado. Para él fue un impacto tan fuerte, que de pronto se encontró dirigiéndose al frente cuando el predicador invitó a los asistentes a hacerlo para expresar su decisión de recibir a Cristo.

Por supuesto quienes le conocíamos pensamos que ya se le pasaría.

Pero no fue así.

Se transformó en una de las personas más amables y generosas que jamás conocí. De esto hace alrededor de cuarenta años.

Un sermón lo ubicó en ese camino, y los demás recursos de

la iglesia lo mantuvieron en el mismo. El ejemplo que él brindo es una de las razones por las cuales yo también estoy en ese mismo camino.

¡LOADOS SEAN LOS PASTORES!

Cuando la gente critica a los pastores, yo siempre pregunto:
—¿Qué pastores? ¿Cuál de ellos?

Si tuviéramos que calificar a todos los pastores que conocemos (probablemente no son muchos) diríamos que van desde excelentes a pésimos. Eso también es cierto referido a los siquiatras, a los médicos en general, a los dentistas, a los abogados, a los contadores, etcétera.

Yo me he especializado también en ser consejero de pastores. Nunca he conocido ni tratado un grupo de gente más escogida y admirable que los pastores. Cuando un pastor se ve en dificultades es porque no ha seguido sus propias instrucciones, al igual que les ocurre a todos. He visto algunos pastores (aún algunos que me ayudaron a mí) echar en saco roto sus propios consejos. ¡Qué lástima! ¡Habían sido buenos consejos!

Los pastores son los custodios de la más importante de las informaciones que hay en el mundo, los custodios del contenido de la Biblia.

¡LOADAS SEAN LAS IGLESIAS!

Hay gente que critica a los que se muestran entusiasmados con su iglesia. ¿Qué hay de malo con ese entusiasmo? Todos deberíamos estar entusiasmados con nuestra iglesia. Con todo entusiasmo quisiéramos ver más gente en nuestra iglesia para que compartan también ellos la ayuda que nosotros estamos recibiendo.

Hay muchas clases de iglesias. Mi iglesia en particular se caracteriza por el silencio que reina durante el culto. Se puede oír el vuelo de una mosca. He concurrido a otras iglesias donde todos hablan al mismo tiempo. Hay muchos tipos y estilos. No todos nos agradarán pero agradarán a alguien.

Cuando alguien critica una iglesia, formulo la misma pregunta que formulo cuando critican a los pastores:

—¿Qué iglesia?

Luego le recuerdo al de la crítica que las iglesias van de lo excelente a lo pésimo, igual a lo que ocurre con las escuelas, las universidades, los hospitales, los negocios, los equipos de fútbol o cualquier otro grupo o institución.

Según nuestra experiencia y observación, es posible obtener el máximo de ayuda posible como matrimonio o como padre, de la iglesia, de los grupos relacionados con la iglesia y de su personal.

DIEZ FORMAS EN QUE LA IGLESIA AYUDA

Pasemos revista a algunas ayudas que brindan las iglesias.

El sermón. Nada nos ayuda más que escuchar todas las semanas una exposición de los principios bíblicos. Muchos sermones nos resultan aburridos. Lo mismo ocurre con las clases en la universidad.

Pero aparte de la información necesitamos también inspiración. Escuchando sermones multitudes han encontrado a Dios y gozan ahora de los recursos que él provee, y de su instrucción y guía.

La escuela dominical. Observemos la actividad de la Escuela Dominical y veremos toda la gama de la vida, desde la cuna a la tumba. Pocos lugares nos brindan semejante oportunidad. Veremos santos e hipócritas. Veremos lo que le ocurre a la gente que acepta las enseñanzas bíblicas y lo que les ocurre a las personas que rechazan esas enseñanzas.

La Escuela Dominical nos permite escuchar las enseñanzas de laicos o nos faculta para que nosotros enseñemos. Podemos formular preguntas e intercambiar puntos de vista. En la Escuela Dominical hacemos nuevos amigos. Si tenemos capacidad y adiestramiento administrativo, este talento es útil para ayudar a que la Escuela Dominical rinda al máximo.

Ligas o grupos de hombres, de mujeres o de jóvenes. Podemos unirnos a grupos especializados. Algunos de esos grupos giran alrededor de los deportes. Otros ayudan a las personas impedidas, tales como a ciegos, sordos, lisiados.

Hay grupos para jubilados, para hacer visitación en nombre de la iglesia, para comentar o cambiar ideas y para educación.

Podemos hacer amistades, ayudarnos mutuamente, ver lo que ocurre cuando se obedecen o desobedecen los principios bíblicos. Los grupos especializados nos brindan la oportunidad de usar nuestros talentos y capacidades.

Juntas, comisiones. Como es obvio, alguien tiene que tomar las decisiones que determinan la política a seguir, o aplican principios administrativos y métodos para llevar adelante la iglesia y las organizaciones que funcionan en estrecha relación con la iglesia Podemos aportar nuestra experiencia y conocimiento en estas áreas.

Música. La música nos ayuda para rendirle culto a Dios. Actúa de una doble manera. Por un lado la música nos inspira y nos ayuda a fijar ciertos principios en nuestras mentes como complemento de la predicación y de la enseñanza, por el simple acto de disfrutar de la música y de escuchar las palabras del himno.

Por el otro lado, la música brinda a la gente la oportunidad de utilizar sus talentos musicales.

Consultas. La iglesia es un gran centro de recursos. Podemos intercambiar información con gente a quien respetamos (sean laicos o profesionales) en áreas pertinentes al matrimonio, a la familia, a las finanzas, a la educación, a la recreación. Y en estas áreas también podemos ayudar a quienes necesitan ayuda.

El cúmulo de los consejos tiene como única limitación la experiencia del personal especializado o de los demás feligreses de la iglesia.

Estudios bíblicos. Podemos disfrutar la experiencia y conocimiento de profesionales y de laicos, dentro y fuera de la iglesia. Hallaremos en la iglesia gente que se especializa en estudios bíblicos en una gran variedad de áreas. Nos ayudan a incrementar nuestro conocimiento de la Biblia y a aplicar lo que aprendemos.

Y si tenemos alguna experiencia propia también nosotros podemos enseñar.

Comunión. No estamos solos. He recorrido el mundo viajando en avión, automóvil, jeep, carromato tirado por bueyes y piragua, y he caminado por senderos de la montaña y también en plena selva. Dondequiera que vayamos encontramos hermanos en Cristo. Nos beneficiamos descubriéndolos.

Hallamos cristianos en nuestras profesiones, en nuestros empleos o en áreas especializadas. Y en todos los niveles hay lazos que nos atan a ellos.

Conferencias. En las profesiones liberales constantemente asistimos y participamos de retiros espirituales y seminarios que nos permiten aumentar nuestros conocimientos, y mejorar la calidad de nuestro trabajo.

De la misma manera la iglesia también cuenta con excelentes seminarios y conferencias que tratan de muchos y diversos temas.

En ellos encontramos gente de otras iglesias y otros grupos. Durante un día, un fin de semana, una semana, podemos dejar nuestra rutina diaria y enfocar nuestra atención en la Biblia y temas conexos.

Campamentos. En ellos los niños pueden trabar amistad con otros y recibir una concentrada instrucción de parte de consejeros, predicadores y maestros. Los adultos y su familia tienen la oportunidad de combinar sus vacaciones con un período de instrucción, inspiración y comunión cristiana.

Es increíble la cantidad de gente que ha logrado transformar su vida por haber asistido a un campamento cristiano.

¡LOADAS SEAN LAS DENOMINACIONES!

Contamos también con denominaciones. Yo digo ¡hurra! Las diversas denominaciones disponen de sitios para campamentos. Organizan programas juveniles y para otras edades. Brindan materiales tales como libros, revistas y demás publicaciones. También disponen de oradores y predicadores y demás personal especializado.

No podríamos arreglárnoslas sin las denominaciones.

Claro está que podemos calificar a las denominaciones de la misma forma que lo hacemos con los cristianos en general, con los pastores y las iglesias.

¡LOADAS SEAN LAS ORGANIZACIONES ESPECIALIZADAS!

Hay grupos que se especializan. Ya hemos mencionado antes algunos de ellos. También hay compañías publicitarias... evangelismo infantil... brigadas de servicio cristiano... y muchísimos otros. Brindan sus servicios a los miembros de todas las iglesias y denominaciones. Instamos a nuestros lectores a que aprovechen y utilicen los servicios de dichas organizaciones.

¿QUIÉN VA A LOS HOSPITALES?

Podemos comparar a la iglesia y a los grupos relacionados con un hospital. Allí encontramos enfermos. Se hallan en diversos grados de salud. Algunos están allí desde hace algún tiempo. Se recuperaron pero al no cuidarse enfermaron de nuevo. El hospital los recibe de vuelta una y otra vez. Todo el personal, médicos, enfermeras y ayudantes, se hace cargo de ellos cada vez que vuelven.

En la iglesia los miembros padecen diversos grados de pecaminosidad. Algunos se recuperan rápidamente y caen de nuevo. Algunos solamente pretenden estar interesados.

Abandonan la iglesia, descuidan las enseñanzas de Dios, y luego vuelven rengueando lastimosamente. El personal de la iglesia y todos los miembros están allí para ayudarlos una vez más. Otros crecen incesantemente y aplican los principios bíblicos a sus vidas en forma diaria.

NUESTRA ELECCIÓN ...

¿Por qué estamos ahí?

¿Rechazamos las enseñanzas porque otros lo hacen?

Si rechazamos las enseñanzas bíblicas que escuchamos en la iglesia semana tras semana, lo hacemos porque queremos, no porque algunos otros lo hacen. Si **queremos** aceptar a Cristo nadie nos lo puede impedir. Y si queremos permitirle a Dios que derrame su amor sobre nuestro corazón, tampoco nadie podrá impedírnoslo.

Si queremos cooperar con nuestro cónyuge, nadie en el mundo podrá impedirlo. Si queremos contraer un compromiso con nuestro cónyuge, que dure toda la vida, tampoco nadie podrá impedirlo.

El hecho de que amemos a nuestro cónyuge y nos sometamos al estado matrimonial, no significa necesariamente que nuestro cónyuge también lo haga Esto es un asunto personal que cada uno de los cónyuges debe enfrentar por sí solo delante de Dios. Pero nadie puede impedir que tomemos la decisión.

La elección es nuestra.

13

TRECE REFLEXIONES PARA MATRIMONIOS

¡ESO ES CUENTO VIEJO!

Seguramente eso es lo que dirán los lectores al leer este capítulo, pues es tiempo de volver la mirada a los doce capítulos anteriores y recordar los principios establecidos en este libro. Al reconsiderar estos principios, mirémoslos como más que simples palabras. Pensemos que son trece amigos que pueden ayudarnos a mejorar nuestro matrimonio.

CON UN POCO DE AYUDA... DE PARTE DE TRECE AMIGOS

1. **La mayoría de los matrimonios comienza con una fuerte y magnética atracción entre los contrayentes.**

Y dijo Jehová Dios: No es bueno que el hombre esté solo; le haré ayuda idónea para él (Génesis 2:18).

Dios puso en la gente un impulso de irresistible atracción entre el hombre y la mujer, que los lleva a unirse.

Basta recordar los días de noviazgo. Súbitamente nuestro novio o novia se constituían en el más agradable y satisfactorio privilegio del mundo entero.

El matrimonio era el saludable resultado.

> *Por tanto, dejará el hombre a su padre y a su madre, y se unirá a su mujer, y serán una sola carne* (Génesis 2:24).

2. No obstante ello, el matrimonio desenmascara lo que la Biblia describe como «egoísmo» y «obras de la carne». El egoísmo.

> *Todos nosotros nos descarriamos como ovejas cada cual se apartó por su camino; mas Jehová cargó en él el pecado de todos nosotros* (Isaías 53:6).

El «pecado» mencionado en este versículo es que **cada cual se apartó por su camino**. En una sola palabra: egoísmo. El matrimonio, en lugar de disminuir el egoísmo, lo magnifica.

Obras de la carne. El matrimonio también magnifica las obras de la carne. La Biblia las describe como:

> *...adulterio, fornicación, inmundicia, lascivia, idolatría, hechicerías, enemistades, pleitos, celos, iras, contiendas, disensiones, herejías, envidias, homicidios, borracheras, orgías, y cosas semejantes a estas; acerca de las cuales os amonesto, como ya os lo he dicho antes, que los que practican tales cosas no heredarán el reino de Dios* (Gálatas 5:19-21) .

Contamos y suponemos que el matrimonio nos hará cariñosos, amables y generosos.

Pero... no.

En cambio, nos pone al descubierto el egoísmo y las obras de la carne.

3. Cuando las opiniones difieren se instala un desacuerdo insuperable. Nuestras reacciones a los encontronazos provocados por el egoísmo y las obras de la carne, levantan un muro invisible, erigiendo ladrillo (incidente) por ladrillo.

Esta pared anula totalmente la ternura, el compañerismo y el deseo o voluntad de mejorar el matrimonio.

Y no es patrimonio exclusivo de algunos. Les ocurre a los recién casados, a los instruidos, a los ricos, a los que gozan de buena salud, y a los veteranos, a los ignorantes, a los enfermos, a los pobres.

Pero este muro puede ser desmantelado.

4. Necesitamos ayuda de una fuente exterior, de Dios mismo, por medio de Jesucristo. La ayuda viene de Dios, y ni la gente ni las circunstancias pueden interferir.

Pero estamos separados de Dios.

¿Por qué?

Vuestras iniquidades [egoísmo] han hecho división entre vosotros y vuestro Dios, y vuestros pecados [obras de la carne] han hecho ocultar de vosotros su rostro para no oír (Isaías 59:2).

¿Cómo unir la brecha? Pidiéndole a Cristo que entre a morar en nuestra vida.

Mas a todos los que le recibieron [a Jesús] a los que creen en su nombre, les dio potestad de ser hechos hijos de Dios (Juan 1:12).

Sin dar este paso no hay manera alguna de quitar el muro levantado entre los cónyuges.

Una vez dado ese paso, nos transformamos en hijos de Dios, y podemos reclamar los recursos que solamente Dios nos puede brindar.

5. El amor de Dios es el aceite que elimina la fricción.

El amor de Dios ha sido derramado en nuestros corazones por el Espíritu Santo que nos fue dado (Romanos 5:5).

Al igual que el aceite, el amor de Dios tiene muchos diversos elementos. La primera carta de Pablo a los corintios, capítulo trece, versículos 48 dice que el amor de Dios:

... es sufrido, es benigno ... no tiene envidia ... no es jactancioso ... no busca lo suyo, no se irrita, no guarda rencor [es decir no toma en cuenta las ofensas recibidas]; no se goza de la injusticia, mas se goza de la verdad. Todo lo sufre ... todo lo espera, todo lo soporta ... nunca deja de ser.

El amor de Dios hace de todos nosotros damas y caballeros. Estos elementos de su amor nos devolverán la viva emoción y el exquisito placer de abrazar y de besar, el cálido sentimiento de amistad y compañerismo.

Si contamos con el recurso del amor de Dios, podemos enfrentar tranquilamente los problemas que se plantean, librarnos de las fricciones y hallar una manera de resolver nuestras diferencias.

6. El matrimonio es compañerismo.
El equipo formado por el marido y la mujer procuran idear arreos que ambos puedan llevar.

Completad mi gozo, sintiendo lo mismo, teniendo el mismo amor, unánimes, sintiendo una misma cosa. Nada hagáis por contienda o por vanagloria; antes bien con humildad, estimando cada uno a los demás como superiores a él mismo (Filipenses 2:2,3).

Es como jugar dobles en tenis. Los compañeros de juego cooperan, no compiten. El marido y la mujer son compañeros de equipo, no adversarios, en su esfuerzo por hallar una coincidencia entre ambos.

¿Dónde comienza la coincidencia de propósitos?

7. Comienza aceptando la necesidad del liderazgo. En otras palabras, ¿quién será el jefe?

¿Por qué necesitan de un líder dos personas casadas que cuentan con el amor de Dios en sus corazones? Porque cuando haya que tomar una decisión, por pequeña que sea, y las opiniones difieren, no hay otra manera de zanjar las diferencias.

El liderazgo involucra tres características. Ellas son: **cooperación, sumisión y entrega.** Las denominamos **las tres grandes llaves.**

Proveen las bases para definir las pautas y las reglas ajustándose a las cuales puede mejorar nuestro matrimonio. Constituyen el fundamento para planear una buena familia.

8. Cooperación... la primera llave. El esposo y la esposa deciden dedicar su tiempo y esfuerzo para alcanzar una forma de vida mutuamente agradable.

Someteos unos a otros en el temor de Dios (Efesios 5:21).

La cooperación exige un plan familiar. El marido y su esposa deben mantener regularmente reuniones, formales o informales, para asignar responsabilidades y establecer políticas, procedimientos y reglas que ambos encuentran aceptables.

Estas reuniones pueden efectuarse en el interior del automóvil, en la cocina, en la sala, en el dormitorio... en cualquier parte.

En esas reuniones debe haber dos actitudes dominantes: (1) cada uno de los cónyuges tiene la intención de servir al otro; (2) ambos quedarán obligados por las decisiones tomadas entre ellos. El plan proyectado podrá seguir su curso, siempre y cuando el esfuerzo porque así ocurra sea diario, esté sujeto a un constante examen y se hagan los frecuentes cambios que las circunstancias aconsejen.

9. Sumisión... la segunda llave. Alguien tiene que tener la última palabra. Todo grupo de dos o más personas que quieren actuar en conjunto, no importa cuán amigos y dedicados sean, en última instancia llegarán a un desacuerdo insuperable. Alguien tiene que solucionar ese desacuerdo.

En el matrimonio es el marido.

Las casadas estén sujetas a sus propios maridos, como al Señor (Efesios 5:22).

El marido resuelve un desacuerdo insuperable. La esposa debería participar vigorosamente y francamente en la búsqueda de decisiones mutuamente agradables.

El esposo debería pensarlo dos veces, o más, antes de oponerse al criterio de su esposa. Si la esposa aún discrepa con una decisión del marido que puede llevar a una ruptura, debería manifestarlo. Cuando se plantea un desacuerdo insuperable, el marido tiene dos opciones:

1. Tomar él mismo la decisión.
2. Pedirle a su esposa que lo haga.

Una vez tomada, el marido y la mujer se someten a la decisión y hacen todo lo humanamente posible para llevarla a buen fin.

10. Entrega... La tercera llave. La prioridad número uno del marido es servir a su mujer. Tiene que amar a su esposa como se ama a sí mismo y someterse a la responsabilidad de mantener con ella una edificante y sana relación. Este allegamiento a su esposa debe tener prioridad sobre el trabajo, la iglesia, las recreaciones, aún sobre los hijos.

Rara vez una familia se deshace si el marido realmente ama a su mujer (con el amor de Dios) y está comprometido hasta la muerte para hacer triunfar el matrimonio.

11. Un buen matrimonio maneja eficazmente las rutinas diarias. Ni el marido ni la esposa aprenden, de la noche a la mañana, el arte de darse maña en las tareas rutinarias de todos los días.

Combinar las actitudes rutinarias de dos personas exige esfuerzo, pruebas y errores, exige una actitud de toma y quita. Y entraña muchas reuniones amistosas. Sólo el amor de Dios reinando en ambos cónyuges, posibilitará tomar decisiones armoniosas.

12. Los tres puntos más conflictivos en el matrimonio son el sexo, las finanzas y los cambios súbitos.

Problemas sexuales. Cuando no hay una mutua respuesta sexual, debemos buscar la respuesta en alguna causa externa. Estarán divididos y separados por un muro de hostilidad y de insuperables desacuerdos. Al derrumbar el muro se restablece la armonía sexual.

En la Biblia hay una clara y específica directiva para guiarnos en nuestras relaciones físicas:

El marido cumpla con la mujer el deber conyugal, y asimismo la mujer con el marido. La mujer no tiene potestad sobre su propio cuerpo, sino el marido; ni tampoco tiene el marido potestad sobre su propio cuerpo, sino la mujer. No os neguéis el uno al otro, a no ser por algún tiempo de mutuo consentimiento, para ocuparos sosegadamente en la oración; y volved a juntaros en uno, para que no os tiente Satanás a causa de vuestra incontinencia (1 Corintios 7:3-5).

Si tomamos en serio este «mandamiento» veremos que los principios básicos en juego, son la mutua sumisión y el mantenimiento de una saludable vida espiritual.

Además en el pasaje citado hay una clara advertencia. Si se niegan el uno al otro, es de esperar que el cónyuge sufra los efectos de una fuerte tentación.

Los **problemas financieros** pueden destruir un matrimonio. Los principios que exponemos a continuación pueden ayudarnos a evitar semejante desastre:

a. Gastar menos de lo que se gana.

b. Dar la cara a los acreedores. Si el problema es serio debemos pedirles su ayuda y consejo.

c. Un competente perito en finanzas puede ser de gran ayuda.

d. Destinar un cierto porcentaje de cada sueldo al ahorro, a inversiones riesgosas y un diez por ciento como diezmo a Dios.

e. Asegurémonos que tenemos un plan mutuamente satisfactorio para manejar nuestro dinero.

Los **cambios súbitos**. Debemos considerarlos como una manera de crecer y madurar. El que enfrentemos bien los cambios súbitos en la vida, dependerá de la medida en que nos hayamos comprometido con Dios y con nuestro cónyuge.

Debemos dar por descontado que habremos de experimentar cambios súbitos. Pero a la postre son para bien, no importa cuán malo fue el panorama al comienzo.

Y sabemos que a los que aman a Dios, todas las cosas les ayudan a bien, esto es, a los que conforme a su propósito son llamados (Romanos 8:28).

A veces resulta difícil de entender el cambio súbito. ¿Cómo puede esta circunstancia obrar para bien? Para un hijo de Dios, con el amor de Dios en su corazón, todo redunda en bien. Como dice la Biblia:

Estad siempre gozosos. Orad sin cesar. Dad gracias en todo, porque esta es la voluntad de Dios para con vosotros en Cristo Jesús (1 Tesalonicenses 5:16-18).

13. Permitamos que la iglesia, y los grupos relacionados con la iglesia, nos ayuden a fortalecer nuestro matrimonio. Hay cuatro formas:

a. Inspiración
b. Instrucción
c. Comunión
d. Servicio (participación)

Por medio de la iglesia y de instituciones relacionadas con ella, podemos contar con exposiciones semanales de principios bíblicos. Podemos comprobar (y aprender de la simple observación) toda la variada gama de la vida de la iglesia, donde vemos lo que ocurre con la gente que acepta las enseñanzas bíblicas y lo que les ocurre a quienes las rechazan.

Tendremos la oportunidad de aprovechar lo que aprendemos, de crecer como personas, y además muchas oportunidades de desarrollar nuestros talentos por medio del servicio

NUESTRO MATRIMONIO PUEDE MEJORAR

En todo matrimonio hay trece pasos de la fricción a la comunión. Debemos memorizar dichos pasos. Y debemos ponerlos en práctica.

Luego, como hijos de Dios gozaremos de un nuevo deleite en la vida.

¡Adelante con el futuro y un matrimonio feliz!

DISFRUTE DE OTRAS PUBLICACIONES DE EDITORIAL VIDA

Desde 1946, Editorial Vida es fiel amiga del pueblo hispano a través de la mejor literatura evangélica. Editorial Vida publica libros prácticos y de sólidas doctrinas que enriquecen el caudal de conocimiento de sus lectores.

Nuestras Biblias de Estudio poseen características que ayudan al lector a crecer en el conocimiento de las Sagradas Escrituras y a comprenderlas mejor. Vida Nueva es el más completo y actualizado plan de estudio de Escuela Dominical y el mejor recurso educativo en español. Además, nuestra serie de grabaciones de alabanzas y adoración, Vida Music renueva su espíritu y llena su alma de gratitud a Dios.

En las siguientes páginas se describen otras excelentes publicaciones producidas especialmente para usted. Adquiera productos de Editorial Vida en su librería cristiana más cercana.

Vida

DEDICADOS A LA EXCELENCIA

Una vida con propósito

Rick Warren, reconocido autor de *Una Iglesia con Propósito*, plantea ahora un nuevo reto al creyente que quiere alcanzar una vida victoriosa. La obra enfoca la edificación del individuo como parte integral del proceso formador del cuerpo de Cristo. Cada ser humano tiene algo que le inspira, motiva o impulsa a actuar a través de su existencia. Y eso es lo que usted descubrirá cuando lea las páginas de *Una vida con propósito*.

0-8297-3786-3

Si quieres caminar sobre las aguas, tienes que salir de la barca

Cristo caminó sobre las aguas con éxito, si quieres hacerlo solo hay un requisito: *Si quieres caminar sobre las aguas, tienes que salir de la barca.* Hoy Jesús te extiende una invitación a enfrentar tus temores, descubrir el llamado de Dios para tu vida y experimentar su poder.

0-8297-3536-4

Sexo en la Biblia

Este libro contiene observaciones nacidas de la experiencia pastoral del autor y variados estudios sobre una materia que debe desmitificarse y pasar del tabú tradicional a las tremendas realidades posmodernas. La iglesia triunfará sobre la creciente descomposición de la sociedad si rescata la intención divina del sexo: Procreación responsable, protección de la pureza y deleite de la pareja humana.

0-8297-3770-7

Santa Biblia RVR60 Vida Victoriosa

Esta clásica versión Reina Valera 1960 contiene un bosquejo y una reseña histórica en la introducción de cada libro para ayudarle a entender el contexto del mismo. Incluye además las palabras de Dios para usted marcadas en gris y una serie de artículos de edificación e inspiración escritos por diferentes líderes que Dios está usando, desarrollando cada uno un tema que lo hará reflexionar y lo preparará para ganar la batalla.

0-8297-3451-1

NVI Biblia de premio y regalo

Esta Biblia es el regalo perfecto para las ocasiones especiales. Incluye una ilustración atractiva en la página de presentación, dos mapas de colores al final, las palabras de Jesús en letra roja y un precio muy económico.

0-8297-3237-3

Nos agradaría recibir noticias suyas.
Por favor, envíe sus comentarios sobre este
libro a la dirección que aparece a continuación.
Muchas gracias

Editorial Vida
7500 NW 25 Street Suite # 239
Miami, Fl. 33122

Vidapub.sales@zondervan.com
http://www.editorialvida.com